# 远洋运输业务

## （第二版）

主编　陈秋妹　贾在明
主审　张　铎

大连海事大学出版社

**图书在版编目(CIP)数据**

远洋运输业务 / 陈秋妹,贾在明主编. — 2 版. — 大连 : 大连海事大学出版社, 2014. 9(2025. 1 重印)

ISBN 978-7-5632-3090-7

Ⅰ. ①远…　Ⅱ. ①陈… ②贾…　Ⅲ. ①远洋运输—运输业务—高等学校—教材　Ⅳ. ①F550. 74

中国版本图书馆 CIP 数据核字(2014)第 223545 号

**大连海事大学出版社出版**

地址:大连市黄浦路523号 邮编:116026 电话:0411-84729665(营销部) 84729480(总编室)

http://press. dlmu. edu. cn　E-mail:dmupress@ dlmu. edu. cn

大连永盛印业有限公司印装　　大连海事大学出版社发行

2008 年 6 月第 1 版　　2014 年 9 月第 2 版　　2025 年 1 月第 5 次印刷

幅面尺寸:185 mm×260 mm　　印张:10. 5

字数:254 千　　印数:8001~9000 册

出版人:刘明凯

责任编辑:刘长影　　责任校对:张来胜

封面设计:王　艳　　版式设计:解瑶瑶

ISBN 978-7-5632-3090-7　　定价:21. 00 元

# 第二版前言

“远洋运输业务”是航海技术专业的必修课,也是从事海船无限航区船舶驾驶工作人员应具备的基本知识。为满足当前高等职业院校航海技术专业的教学需要,切实贯彻和落实“以培养学生技术应用能力为核心构建课程教学内容”的职业教育特点,突出专业课“必需、够用、适用”的教学指导思想,青岛远洋船员职业学院依托山东省技能型人才特色名校建设项目,编写了基于学分制改革的“航海技术人才培养方案”,本书正是在此基础上根据“远洋运输业务课程标准”编写而成。

本书简明扼要地讲述了在不同船舶营运模式下,作为一名远洋船舶驾驶人员在履行妥善地、谨慎地管理货物方面所必须掌握的知识和技能,涉及国际贸易术语与信用证、班轮运输业务、提单及其业务、租船运输业务、国际船舶代理业务、船舶营运成本构成及控制六个模块。模块一“国际贸易术语与信用证”,介绍适用海运方式的常用贸易术语及信用证支付方式的特点与基本业务流程;模块二“班轮运输业务”,介绍传统杂货班轮运输、集装箱班轮运输、国际多式联运与无船承运相关业务;模块三“提单及其业务”,介绍提单的概念、作用、证据效力、分类、记载事项、签发与转让、更正与补发、无单放货与海运保函业务;模块四“租船运输业务”,介绍租船运输的基本概念、种类、租船合同订立程序、航次租船合同及定期租船合同的主要内容;模块五“国际船舶代理业务”,介绍代理的基本概念、行使代理权的基本原则、国际船舶代理的业务范围及使用原则;模块六“船舶营运成本构成及控制”,介绍船舶运输成本的基本概念与构成,港口费用的基本概念、构成及控制方法。

全书以知识模块为基本构架,采用项目和任务驱动形式编排教学内容,每个模块中设置【知识目标】、【能力目标】、【问题导入】;各项目、任务中又分设【项目介绍】和【任务分析】;结合工作实际穿插【拓展知识】;结合教学内容穿插【想一想】、【议一议】、【案例讨论】、【案例学习】、【测一测】。

本书由青岛远洋船员职业学院陈秋妹、贾在明担任主编,陈秋妹编写了模块一、模块二、模块三和模块四,贾在明编写了模块五和模块六。全书由陈秋妹统稿、定稿,青岛远洋船员职业学院国际海事公约研究所所长张铎教授担任主审。

本教材的编写与出版得到了大连海事大学出版社的大力支持和帮助,在此表示感谢!

由于编者水平有限,教材中难免有疏漏和不足之处,敬请广大读者提出宝贵意见。

编　者

2014 年 8 月

# 第一版前言

全国航海类高职高专院校海洋船舶驾驶专业均开设"远洋运输业务与海商法"课程。青岛远洋船员学院的海洋船舶驾驶专业,作为全国高职高专专业教育教学改革试点专业、国家级教育精品建设专业、山东省高等学校特色专业,率先将该课程分设为"远洋运输业务"、"海商法"两门课,并对"远洋运输业务"的内容体系进行了改革。

本着突出海洋船舶驾驶专业针对性、应用性的原则,本教材系统地介绍了远洋运输业中各环节的基本知识、工作程序及处理相关业务的习惯做法,以满足船舶驾驶人员在远洋运输生产实践中的实际需要。

本教材由青岛远洋船员学院陈秋妹担任主编,刘臣担任副主编,大连海事大学博士生导师韩立新教授担任主审。具体编写分工为:陈秋妹编写第四章、第五章、第六章;刘臣编写第一章、第二章、第三章;韩非编写第七章、第八章。全书由陈秋妹统稿、定稿。

本教材的编写与出版得到了大连海事大学出版社的大力支持和帮助,在此表示感谢!

本教材错误与不足之处,敬请读者批评指正。

编　者

2008 年 5 月于青岛

# 目　录

# 模块一　国际贸易术语与信用证

【知识目标】

- 了解国际贸易术语的含义及国际惯例的性质
- 掌握适用海运方式的常用贸易术语
- 了解信用证支付方式的特点及业务流程

【能力目标】

- 能辨认贸易术语
- 能区分 FAS、FOB、CFR、CIF 四个贸易术语的异同
- 知道船方签发何种提单银行才不拒付货款

【问题导入】

国际贸易具有环节多、风险大的特点,货物往往要经过长途海上运输,多次转运、装卸和存储,才能顺利实现从卖方到买方的转移,这期间离不开银行、商检、海关、保险等部门的相互配合,货物在运输过程中还可能遭受各种自然灾害和意外事故。因此,买卖双方在订立国际贸易合同时通常会考虑以下问题:卖方在何地,以何种方式履行交货义务;货物发生灭失、损坏的风险何时由卖方转移给买方;由谁负责办理货物的运输、保险及通关过境手续并承担相关费用;买卖双方需要交接何种单据。在具体业务中,每签订一个国际贸易合同都要逐一明确上述问题吗? 另外,买卖双方分处异国,应该采用何种货款支付方式才能解决买卖双方互不信任的矛盾?

## 项目一　国际贸易术语

【项目介绍】

国际贸易(International Trade),是指不同国家或地区之间进行的商品交换活动。国际海上货物运输是实现对外贸易的重要环节,国际贸易合同条款必须与国际海上货物运输合同条款相衔接。远洋船舶驾驶员作为承运人的雇佣人员,肩负着履行妥善地、谨慎地管理货物的法定义务,必须了解和掌握国际贸易中现行的适用于海运的常用国际贸易术语及相关的国际惯例,以便明确买卖双方在货物交接过程中有关风险、责任和费用的划分。

## 任务1-1 了解贸易术语及相关的国际惯例

### 【任务分析】

在国际贸易实践中,各国法律制度、贸易习惯有所不同,对各贸易术语的解释与运用互有差异,从而容易引起误解。例如《2010年国际贸易术语解释通则》与《2000年国际贸易术语解释通则》相比,针对FOB、CFR和CIF三个术语划分买卖双方风险、费用不再有“船舷为界”的概念,取而代之的是以“装上船”为界。

本任务要求同学们掌握国际贸易术语的基本概念及作用,了解与国际贸易术语相关的国际贸易惯例,了解《国际贸易术语解释通则》各版本间的主要区别。

### 【相关知识】

#### 一、国际贸易术语的含义及作用

(一)国际贸易术语(Trade Terms)的概念

国际贸易术语又称作价格条件(Price Terms),是在长期贸易实践中形成的,以英文缩写表示货物价格构成,说明交货地点,确定风险、责任、费用划分等问题的专门术语。

国际贸易术语都是以卖方履行交货义务的地点作为划分买卖双方彼此之间应承担责任和义务的标准,所以通常又被称为交货条件(Delivery Terms)。这些由不同的交货地点形成的贸易术语,在国际贸易中习惯上以几个缩写的英文字母来表示。例如,装运港船上交货称为FOB(Free on Board)等。

(二)国际贸易术语的作用

在国际贸易中,使用国际贸易术语对明确买卖双方各自承担的责任、费用与风险划分的界限,简化买卖双方商洽的内容,缩短交易商洽的进程与促进成交,节省业务费用和时间都有着重要的作用。

#### 二、有关贸易术语的国际贸易惯例

国际贸易惯例是指在国际贸易的长期实践中所形成的一系列具有普遍意义的习惯做法及其解释。国际贸易惯例能够避免或消除不同国家(或地区)的贸易当事人对同一问题做出的不同的理解和解释,所以在处理贸易争议方面起着非常重要的作用。

国际贸易惯例的性质体现在:第一,其本身并不是法律,对贸易双方没有法律约束力,即双方有权在合同中做出与某项惯例不符的规定。只有贸易双方约定采用某种国际贸易惯例,并在合同中订明时,这种惯例才对贸易双方具有法律上的约束力。第二,国际贸易惯例对贸易实践仍具有重要的指导作用。如果双方对某一问题没有做出明确规定,也未注明该合同适用某项惯例,在合同执行中发生争议时,受理该争议案的司法和仲裁机构也往往会引用某一国际贸易惯例进行裁决。

目前,国际上影响较大的关于贸易术语的国际贸易惯例主要有以下三种:

(一)《1932年华沙—牛津规则》(Warsaw-Oxford Rules 1932)

1928年,国际法协会在华沙制定了专门解释CIF买卖合同的统一规则,经数次修订,在1932年牛津会议上定型。该规则以英国的贸易惯例和案例为基础,对CIF买卖合同的性质、

买卖双方承担的费用、责任、风险以及所有权转移的方式等问题做了比较详细的说明。

（二）《1990 年美国对外贸易定义修订本》（Revised American Foreign Trade Definitions 1990）

1919 年美国九大商业团体制定了《美国出口报价及其缩写条例》，1941 年美国商会、全国对外贸易委员会等三个民间团体组成联合委员会对其进行修订，更名为《1941 年美国对外贸易定义修订本》，1990 年再次对该定义进行修订，称为《1990 年美国对外贸易定义修订本》。

该惯例对 EXW、FOB、FAS、CFR、CIF 和 DEQ 等六种贸易术语作了解释。该惯例主要为美国、加拿大以及其他一些美洲国家所采用，因其 FOB 的定义与《Incoterms ® 2010》有明显差异，所以在同这些国家进行贸易时需要加以注意与区别。

（三）《国际贸易术语解释通则》

《国际贸易术语解释通则》（International Rules for the Interpretation of Trade Terms）是国际商会为统一解释贸易术语而邀请各方面专家和学者制定的一套国际规则。该规则习惯上被称为《Incoterms》，最早产生于 1936 年，后经 1953、1967、1976、1980、1990、2000、2010 年多次修订，最新文本为《Incoterms ® 2010》。

**【想一想】《Incoterms》各修订版本之间的关系**

在有关贸易术语的国际贸易惯例中，《国际贸易术语解释通则》是包括内容最多、使用范围最广和影响最大的一种。因为国际贸易惯例在适用的时间效力上并不存在着“新法取代旧法”的说法，所以其各修订版本之间并非相互取代关系，而是并行有效。实践中国际贸易合同究竟适用于哪个版本的惯例，取决于双方当事人的约定，如果没有指定某一具体版本，将适用于最新版本解释。

**【议一议】《Incoterms》的几次重要修改**

在历次修订中，最有意义的是 1990 年的修订，考虑到了电子数据交换系统（EDI）日益频繁运用的需要，确立了电子单证的合法地位；为了使贸易术语适应集装箱运输、多式联运和滚装船运输的需要，扩大了 FCA 术语的适用范围；把 13 种贸易术语按照卖方交货的地点不同分为 E、F、C、D 四组。

《Incoterms 2000》仍保留了《Incoterms 1990》的 13 种贸易术语，实质性的修改体现在三个方面：第一，将 FAS 术语中原要求买方办理出口清关手续改为由卖方办理。第二，将 DEQ 术语中原要求卖方办理进口结关手续改为由买方办理。第三，明确了 FCA 术语交货地点的选择，决定装货与卸货的义务及费用负担。

《Incoterms ® 2010》已于 2011 年 1 月 1 日生效。其将《Incoterms 2000》原有的 13 种贸易术语减至 11 个，新增 DAT 和 DAP 两个术语，替代 DAF、DES、DEQ、DDU，但是没有对 E、F、C 组的结构及其术语含义进行大的修改。《Incoterms ® 2010》按照适用的运输方式将术语归为两类，分别是适用于各种运输方式的术语 EXW、FCA、CPT、CIP、DAT、DAP、DDP 以及仅适用于海运及内河运输的术语 FAS、FOB、CFR、CIF，意在提醒使用者不要将仅适用于海运及内河运输的术语用于其他运输方式。《Incoterms ® 2010》将术语的适用范围扩大到国内贸易中，赋予电子单据与书面单据同样的效力，增加对出口国安检的义务分配，要求双方明确交货位置，将承运人定义为缔约承运人，这些都在很大程度上反映了国际货物贸易的实践要求，并进一步与《联合国国际货物销售合同公约》及《鹿特丹规则》衔接。

1. E 组术语(启运)

只有 EXW 一种贸易术语,是指当卖方在其所在地或其他指定的地点,如工场(强调生产制造场所)、工厂(制造场所或仓库等)将货物交给买方处置时,即完成交货。卖方不需将货物装上任何运输工具,在需要办理出口清关手续时,卖方亦不必为货物办理出口清关手续。采用 EXW 条件成交时,卖方承担的风险、责任和费用都是最小的。

2. F 组术语(主要运费未付)

F 组包括 FCA、FAS、FOB 三种术语,按这些术语成交,卖方必须在出口地(包括港口)将货物交给买方指定的承运人,买方负责签订从交货地到目的地的运输合同并承担运费。这三种术语中,买卖双方风险、费用的划分各不相同。FAS 是以指定装运港买方指定的船边作为界限;FOB 是以装运港货物装上船作为界限;FCA 是以货物交付买方指定的承运人作为界限。

3. C 组术语(主要运费已付)

C 组包括 CFR、CIF、CPT 和 CIP 四种术语,采用这些术语时,卖方负责订立运输合同,但不承担从装运地启运后所发生的货物灭失或损坏的风险及额外费用。

**表 1-1 《Incoterms ® 2010》中的贸易术语**

<table>
<tr><th>组别</th><th>代码</th><th>交货地点</th><th>适用运输方式</th></tr>
<tr><td>E 组<br>(启运)</td><td>EXW(Ex Works)<br>工厂交货</td><td>Named Place of Delivery<br>(指定交货地点)</td><td rowspan="2">各种运输方式</td></tr>
<tr><td rowspan="3">F 组<br>(主要运费未付)</td><td>FCA(Free Carrier)<br>货交承运人</td><td>Named Place of Delivery<br>(指定交货地点)</td></tr>
<tr><td>FAS(Free Alongside Ship)<br>装运港船边交货</td><td>Named Port of Shipment<br>(指定装运港)</td><td rowspan="4">海运及内河运输</td></tr>
<tr><td>FOB(Free on Board)<br>装运港船上交货</td><td>Named Port of Shipment<br>(指定装运港)</td></tr>
<tr><td rowspan="4">C 组<br>(主要运费已付)</td><td>CFR(Cost and Freight)<br>成本加运费</td><td>Named Port of Destination<br>(指定目的港)</td></tr>
<tr><td>CIF (Cost Insurance and Freight)<br>成本、运费加保险费</td><td>Named Port of Destination<br>(指定目的港)</td></tr>
<tr><td>CPT(Carriage Paid To)<br>运费付至</td><td>Named Place of Destination<br>(指定目的地)</td><td rowspan="5">各种运输方式</td></tr>
<tr><td>CIP (Carriage and Insurance Paid To)<br>运费、保险费付至</td><td>Named Place of Destination<br>(指定目的地)</td></tr>
<tr><td rowspan="3">D 组<br>(到达)</td><td>DAT(Delivered at Terminal)<br>指定终端交货</td><td>Named Terminal of Destination<br>(指定目的地终端)</td></tr>
<tr><td>DAP(Delivered at Place)<br>指定目的地交货</td><td>Named Place of Destination<br>(指定目的地)</td></tr>
<tr><td>DDP(Delivered Duty Paid)<br>完税后交货</td><td>Named Place of Destination<br>(指定目的地)</td></tr>
</table>

4. D 组术语(到达)

D 组包括 DAT、DAP 和 DDP 三种术语,采用这些术语时,卖方必须承担将货物运往指定目的地前的一切风险、责任和费用,除了在指定目的地卸货费用的分担不同外,DAT 与 DAP 差异并不明显。

以上四组贸易术语,可进一步划分为出口地交货的贸易术语与进口地交货的贸易术语两大类。E、F、C 三组中的 8 个贸易术语属于出口地交货的贸易术语。在这些术语下,卖方的交货地点都在出口地,按这些术语签订的国际货物买卖合同通常被称为装运合同。D 组中的 3 个贸易术语属于进口地交货的贸易术语,按这些术语签订的国际货物买卖合同通常被称为到货合同。

## 任务 1-2　掌握适用于海运的常用贸易术语

### 【任务分析】

在国际贸易实践中,各国法律制度、贸易习惯有所不同,对各贸易术语的解释与运用互有差异,容易引起误解。例如《Incoterms ® 2010》与《Incoterms 2000》相比,针对 FOB、CFR 和 CIF 三个术语划分买卖双方风险、费用不再有“船舷为界”的概念,取而代之的是以“装上船”为界。

本任务要求同学们掌握常用于海运的 FAS、FOB、CFR、CIF 四个术语中买卖双方的基本义务、容易产生争议的问题、与运输合同中装卸条款的衔接等问题。

### 【相关知识】

国际贸易中经常使用并且与远洋运输密切联系的术语有 FAS、FOB、CIF 和 CFR,根据《Incoterms ® 2010》的规定,分别说明如下:

**一、FAS(... Named Port of Shipment)装运港船边交货(……指定装运港)**

(一)FAS(Free Alongside Ship)的含义

卖方在指定的装运港将货物交到买方指定的船边(如置于码头或驳船上),即完成交货。货物灭失或损坏的风险在货物交到船边时转移,同时买方承担自此时起的一切费用。这一术语仅适用于海运或内河运输。

由于卖方承担在特定地点交货前的风险和费用,而且这些费用和相关作业费可能因各港口惯例不同而变化,《Incoterms ® 2010》特别建议双方应尽可能清楚地订明指定的装运港内的装货点。

(二)买卖双方的一般义务

1. 卖方必须提供符合国际贸易合同规定的货物、商业发票和通常的运输单证或有同等效力的电子记录或程序。

2. 买方必须按照销售合同规定支付货物的价款。

(三)许可证、安全通关及其他手续

1. 卖方必须自担风险和费用,取得任何出口许可证或其他官方许可,办理货物出口所需的一切海关手续。

2. 买方必须自担风险和费用,由买方取得任何进口许可证或其他官方许可,并办理货物进口和从他国过境所需的一切海关手续。

(四)运输合同与货物保险

1. 买方应订立从指定装运港到目的港的运输合同、支付运费,并及时给予卖方有关船名、装船地点和要求交货时间的充分通知。

2. 卖方没有订立保险合同的义务,但是应买方要求并由其承担风险和费用(如果有费用产生),卖方必须提供给买方订立保险时所需要的信息。

(五)风险转移和费用划分

1. 卖方承担货物运至规定的装货港船边之前的灭失、损坏的一切风险,负担货物在运至规定的装货港船边之前的一切费用。

2. 买方承担货物运至规定的装货港船边之后的灭失、损坏的一切风险,负担货物在运至规定的装货港船边之后的一切费用。

(六)使用 FAS 应注意的问题

1. 货物运至装运港船边的通知义务,即卖方必须在买卖合同约定的日期或期限内,在规定的装货港内买方指定的装货地点,按照该港习惯方式,将货物交至买方指定的船边,并给予买方充分的通知。

2. 卖方必须支付为交货所需进行的检查费(如核对货物品质、丈量、过磅、点数的费用)以及出口国有关当局强制进行的检验的费用。

3. 当货物通过集装箱运输时,卖方通常将货物在集装箱堆场移交给承运人,而非交到船边。在这种情况下,FAS 术语不适用,应当使用 FCA 术语。

**【案例讨论】**

1. 甲公司从美国乙公司进口 2 000 吨钢材,价格:FAS New York Incoterms ® 2010,300US $/t。装运完成后,乙公司要求甲公司支付货款,并要求支付装船时的驳船费。

讨论:甲公司有义务支付驳船费吗? 为什么?

2. A 公司与 B 公司签订一批木材进口合同,合同规定 FAS Singapore Incoterms ® 2010。2012 年 8 月 25 日卖方 B 公司将货物运至买方 A 公司指定的船边,由于适逢周末,B 公司业务员忘记通知 A 公司货物已运至由其指定的船边。在货物装船过程中,装卸公司因操作不当导致部分货物跌落入海,造成货物严重湿损。

讨论:本案货物发生灭失、损坏的风险是否已由 B 公司转移给 A 公司?

**二、FOB(... Named Port of Shipment)装运港船上交货(……指定装运港)**

(一)FOB(Free on Board)的含义

卖方在指定的装运港将货物装上买方指定的船上后,即完成交货,买方承担从此时起货物灭失或损坏的一切风险。在我国通常称之为“离岸价格”。这一术语仅适用于海运或内河运输。

(二)卖方的义务

1. 卖方承担的风险

卖方承担货物在指定装运港装上船之前的一切风险。

2. 卖方承担的责任

(1)负责取得出口许可证或其他官方批准文件,办理货物出口报关手续。

(2)负责在合同约定的日期或期限内,将符合合同规定的货物运到指定的装运港,按照该港习惯方式装上买方指定的船,并向买方发出已装船通知。

(3)负责提供商业发票和其他证明已履行交货义务的全套单据,根据买卖双方约定或交易习惯,上述单据可以是具有同等效力的电子记录或程序。

3. 卖方承担的费用

卖方承担货物装上船以前的一切费用。

(三)买方的义务

1. 买方承担的风险

买方承担货物在指定装运港装上船之后的一切风险。

2. 买方承担的责任

(1)负责取得进口许可证或其他官方批准文件,办理货物进口报关手续。

(2)负责订立货物运输合同,并将船期、船名、装船地点及要求交货的时间及时通知卖方。

(3)自行办理货物运输保险。

(4)收取卖方按合同规定交付的货物和各项单证,按合同规定支付货款。

3. 买方承担的费用

(1)向承运人支付运费。

(2)向保险公司支付保险费。

(3)承担货物装上船以后的一切费用。

(四)使用 FOB 应注意的问题

1. 风险划分界限的变更

《Incoterms ® 2010》以"装上船"作为划分买卖双方风险责任界限,取代了《Incoterms 2000》以"装运港船舷为界"。

2. 装船费用的负担

在 FOB 情况下,卖方要负责支付货物装上船之前的一切费用。但各国对于"装上船"的概念没有统一的解释,有关装船的各项费用由谁负担,各国的惯例或习惯做法也不完全一致。如果采用班轮运输,船方管装管卸,装卸费计入班轮运费之中,由负责订舱并支付运费的买方承担;如果采用航次租船运输,船方一般不负担装卸费用。为了进一步明确装船费用的划分,买卖双方在订立合同时,往往在 FOB 之后加列各种附加条件,主要包括以下几种形式:

(1)FOB 班轮条款(FOB Liner Terms)

指有关装船费用如同以班轮装运那样由支付运费的一方(买方)负担,即卖方不负担装船的有关费用。

(2)FOB 吊钩下交货(FOB under Tackle)

指卖方将货物置于买方指定船舶的吊钩可及之处,即从货物起吊开始,吊装入舱及其他各项费用概由买方负担。

(3)FOB 船上交货并积载(FOB Stowed — FOBS)

指卖方负责将货物装入船舱并承担包括积载费在内的装船费用。

(4)FOB 船上交货并平舱(FOB Trimmed — FOBT)

指卖方负责将货物装入船舱并承担包括平舱费在内的装船费用。

(5)FOB 船上交货并积载和平舱(FOB Stowed and Trimmed — FOBST)

指卖方负责将货物装入舱内并承担舱内积载费和平舱费。

另外,对需要绑扎的大件货,可在贸易合同中订入 FOB Lashed 价格条件,即 FOB 加"绑扎条件",以明确由卖方负责货物的绑扎费。

FOB 的上述附加条件只是为了表明装船费用由谁负担,并不改变 FOB 的交货地点以及风险划分的界限。如果贸易合同中没有就货物装船费用由谁负担加以明确,则应根据货物装船港的惯例确定。

(五)FOB 与海上货物运输合同中装卸费用条款的衔接

在 FOB 条件下,买方除在贸易合同中与卖方约定装船费用的承担方外,还需要依据贸易合同的规定与船方签订海上货物运输合同并约定装船费的承担方。假如买方在上述两个合同中均约定本方承担装货费用而卖方和船方均不承担装船费用,则会出现因无人承担装船费用而不能装货的情况;反之,则会出现卖方和船方为一次装货而重复支付装船费用的情况,造成费用上的损失。为保证在装货港始终有一方支付装卸费用,买方在签订运输合同时,应使运输合同中的装卸费用条款与贸易合同中的 FOB 附加条件相衔接。例如:

1. 如果贸易合同中采用 FOBS 或 FOBST 等卖方承担装船费用的条款,买方在签订航次租船合同时,应选择船方不负担装货费用的条款,即 F. I. 、F. I. O. 、F. I. O. S. T. 或 F. I. L. O. 。

2. 如果贸易合同中采用 FOB under Tackle 等卖方不承担装船费用的条款,买方在签订航次租船合同时,应选择船方负担装货费用的 FOB Liner Terms 等。

## 【案例讨论】

1. 甲公司向乙公司出售一级大米600吨,成交价格 FOB Dalian Incoterms ® 2010。装船时货物经检验符合合同要求,货物装船后,甲公司及时向乙公司发出装船通知。航运途中,因海浪过大,部分大米被海水浸泡,货到目的港后,只能按三级大米价格出售,于是乙公司要求甲公司赔偿差价损失。

讨论:甲公司是否承担货物差价损失?

2. A 公司向 B 公司出售一批大米,合同价格 FOBS Dalian Incoterms ® 2010。当货物装上买方指定的船舶后,发现部分货物因货舱不清洁而发生污损,B 公司向 A 公司索赔。

讨论:A 公司是否承担大米的损失?

3. 2005 年 8 月,甲公司签订一份 FOB 农产品出口合同,买方向保险公司投保了仓至仓条款的一切险。货物从甲公司仓库运往装运港码头时发生承保范围内的损失,事后甲公司以保险单含有仓至仓条款要求保险公司赔偿,被拒绝。

讨论:保险公司拒赔是否合理?如果是买方凭保险单向保险公司索赔,保险公司有权拒赔吗?

### 三、CIF(... Named Port of Destination),成本、保险费加运费(……指定目的港)

(一)CIF(Cost, Insurance and Freight)的含义

是指在装运港当货物装上船时卖方即完成交货。卖方负责签订运输合同,支付将货物运至指定的目的港所需的运费和费用,并办理货物保险,支付保险费。但货物灭失或损坏的风险在货物交到船上时由卖方转移到买方。CIF 在我国通常称之为"到岸价格"。这一术语仅适用于海运或内河运输。

(二)卖方的基本义务

1. 卖方承担的风险

卖方承担货物在指定装运港装上船之前的一切风险。

2. 卖方承担的责任

(1)负责取得出口许可证或其他官方批准文件,办理货物出口报关手续。

(2)负责订立货物运输合同,在约定的日期或期限内,在装运港将货物交付至船上后通知买方,并将货物按习惯航线用船舶运至指定的目的港。

(3)负责办理货物运输保险。

(4)负责在合同约定的日期或期限内,将符合合同规定的货物运到指定的装运港并装上船后,向买方发出已装船通知。

(5)负责提供商业发票和其他证明已履行交货义务的全套单据,根据买卖双方约定或交易习惯,上述单据可以是具有同等效力的电子记录或程序。

3. 卖方承担的费用

(1)卖方负责支付运费和保险费。

(2)承担货物装上船以前的一切费用和货物出口报关的税费。

(三)买方的基本义务

1. 买方承担的风险

买方承担货物在指定装运港装上船之后的一切风险。

2. 买方承担的责任

(1)负责取得进口许可证或其他官方批准文件,办理货物进口报关手续。

(2)受领卖方提供的各项单证,按合同规定支付货款。

3. 买方承担的费用

买方承担货物装船以后的一切费用和进口报关的税费。

(四)使用 CIF 应注意的问题

1. 费用与风险划分界限

按 CIF 条件成交,风险转移的界限是以装运港货物装上船时为分界点,属于装运港交货的贸易术语,卖方只保证按时装上船,并不保证货物按时抵达目的港,也不承担将货物运送到目的港的义务。在费用划分上,卖方只向承运人支付从装运港至目的港的正常运费,途中发生意外事故而产生的额外费用由买方负担。

2. 卸货费用负担

按 CIF 条件成交,由于世界上各港解释"装上船"交货的分界线很不一致,容易在目的港卸货费由谁负担上发生争执。有的港口规定,船公司支付全部卸货费,还需支付入库搬运费和出库装车费;有的港口规定由收货人承担卸货费等。为了避免买卖双方在卸船费用的负担上发生争议,往往在 CIF 之后加列各种附加条件,主要包括以下几种形式:

(1)CIF 班轮条件(CIF Liner Terms)

指有关卸货费用如同以班轮装运那样由支付运费的一方(卖方)负担,即买方不负担卸货费。

(2)CIF 卸至岸上(CIF Landed)

指由卖方负担货物卸到码头上的各项有关费用,包括驳船费和码头税费。

(3)CIF 吊钩下交货(CIF Ex Tackle)

指卖方负责将货物从船舱卸到船舶吊钩可及之处(码头上或驳船上)的费用。在船舶不能靠岸的情况下,驳船费及货物从驳船卸到岸上的费用,概由买方负担。

(4)CIF 舱底交货(CIF Ex Ship's Hold)

指货物运达目的港后,自船舱底起一切卸货费用由买方承担。

以上形式只是为了说明卸货费用的负担,并不改变 CIF 的交货地点和风险划分的界限。

3. 保险性质及保险险别

按 CIF 条件成交,卖方负责订立保险合同,按约定的险别和金额投保货物运输险,支付保险费,提交保险单。但卖方是为买方的利益办理保险,属代办性质。货物在运输途中灭失或损坏的风险由买方负担。如发生保险事故,买方凭保险单直接向保险公司索赔,能否得到赔偿卖方概不负责。按照《Incoterms ® 2010》对 CIF 的解释,卖方只需投保最低的险别,除非在合同中另有约定。

4. CIF 一般不适用于货物在装上船前已经交给承运人的情况,如集装箱货物通常在集装箱堆场交货,此类情况下应使用 CIP 术语。

(五)CIF 与海上货物运输合同中装卸费用条款的关系

在 CIF 条件下,卖方除在贸易合同中与买方约定卸货费用的承担方外,还需要依据贸易合同的规定与船方签订海上货物运输合同并约定卸货费的承担方。假如卖方在上述两个合同中均约定本方承担卸货费用而买方和船方均不承担卸货费用,则会出现因无人承担卸货费用而不能卸货的情况;反之,则会出现买方和船方为一次卸货而重复支付卸货费用的情况,造成费用上的损失。为保证在卸货港始终有一方支付装卸费用,卖方在签订运输合同时,应使运输合同中的装卸费用条款与贸易合同中的 CIF 附加条件相衔接。例如:

1. 如果贸易合同中采用 CIF Ex Ship's Hold 等买方承担卸货费用的条款,卖方在签订航次租船合同时,应选择船方不负卸货费用的条款,即 F. O. 、F. I. O. 、F. I. O. S. T. 或 F. O. L. I. 。

2. 如果贸易合同中采用 CIF Landed 等买方不承担卸货费用的条款,卖方在签订航次租船合同时,应选择船方负担卸货费用的 CIF Liner Terms 等。

(六)象征性交货问题

1. 象征性交货与实际交货的概念

象征性交货(Symbolic Delivery)是指卖方只要按期在约定地点完成装运,并向买方提交合同规定的包括物权凭证在内的有关单证,就算完成了交货义务,而无须保证到货。

实际交货(Physical Delivery)是指卖方要在规定的时间和地点,将符合合同规定的货物提交给买方或其指定人,而不能以交单代替交货。

2. 象征性交货条件下,卖方凭单交货,买方凭单付款。只要卖方如期向买方提交了合同规定的全套合格单据,即使货物在运输途中损坏或灭失,买方也必须履行付款义务。反之,如果卖方提交的单据不符合要求,即使货物完好无损地运达目的地,买方仍有权拒绝付款。虽然在象征性交货的合同中,实行的是单款对流原则,但按合同规定交付合格货物仍然是卖方的基本义务之一。若卖方提交了合格的单据,买方凭以付款,到货后发现货物不符合合同规定,买方仍可要求损害赔偿。在卖方所交货物不符合合同,已构成根本性违约的情况下,买方可要求退回全部货款,并可要求赔偿由此造成的其他损失。

**【案例讨论】**

1. 甲公司以 CIF 条件进口一批货物,载货船舶自装运港起航不久因遇风暴而沉没,但卖方仍将保险单、提单、发票等整套单据寄给甲公司，要求其支付货款。

讨论：甲公司是否有义务支付货款？

2. A 公司按 CIF 价格出口一批运动装，向人民保险公司投保了一切险，并规定以信用证方式支付货款。A 公司在规定的装运期内完成装船后取得了已装船提单，向银行交单议付。第二天 A 公司收到买方来电称承运船在海上失火，运动装全部烧毁，买方要求 A 公司向保险公司索赔，否则要求 A 公司退还全部货款。

讨论：该批货物按 CIF London Incoterms ® 2010 成交，A 公司该如何处理？

3. 甲公司以 CIF 条件出口一批蔬菜，合同签订后，甲公司接到买方乙公司来函，声称合同规定的目的港最近经常发生暴乱，要求甲公司办理保险时加保战争险。

讨论：甲公司是否有责任加保战争险？货物运抵目的港后，乙公司声明因货物在运输途中躲避风暴而增加的运费已代甲公司支付给船公司，故应在货款中扣除此项费用，对此，甲公司应如何处理？

**四、CFR（... Named Port of Destination），成本加运费（……指定目的港）**

CFR（Cost and Freight），是指在装运港货物装上船后，卖方即完成交货，卖方支付将货物运至指定目的港所需的运费和费用。但交货后货物灭失或损坏的风险，以及由于各种事件造成的任何额外费用，由卖方转移到买方。

CFR 与 CIF 的不同之处仅在保险费一项。在 CFR 条件下，货物的投保和支付保险费由买方负担。除此之外，买卖双方责任、费用与风险划分完全相同，CIF 关于卸货费承担的附加条件完全适用于 CFR 条件。

按 CFR 条件成交，卖方安排运输，但由买方办理货运保险，所以卖方在货物装船后应迅速通知买方，以便买方及时办理保险。否则，因此造成买方漏保货运险引起的损失应由卖方负担。

## 【案例讨论】

A 公司以 CFR 价格条件出口一批货物到非洲的吉布提，装船后因业务员疏忽未将装船通知告诉买方，导致买方未及时投保，结果货物在运输途中遭受意外事故全部灭失。

讨论：谁将承担货物损失？

## 【想一想】FOB、CFR 和 CIF 的异同

1. 共同点

交货地点都在出口地的装运港；风险转移界限相同，都是在装运港船上；按这三种贸易术语成交的合同均属于装运合同；出口报关责任、费用均由卖方负担，进口报关责任、费用均由买方负担；这三种贸易术语只适用于海运或内河运输；凭已装船单据证明已完成交货。

2. 区别

三种贸易术语下卖方承担的责任及费用各不相同。FOB 术语由买方负责租船订舱和支付运费；CFR 和 CIF 术语由卖方负责租船订舱和支付运费，CIF 术语卖方还应负责办理货物保险和支付保险费。在 CIF 条件下责任费用最高，价格也就最高，其次是 CFR、FOB 最低。

**【议一议】FAS、FOB、CIF 和 CFR 的比较**

表 1-2　FAS、FOB、CIF 和 CFR 的比较

| 装货港交货术语 | 买卖双方风险划分 | 装船费用 | | | | 租船订舱支付运费 | 办理保险支付保费 | 办理进出口手续 | |
|---|---|---|---|---|---|---|---|---|---|
| | | 装船前 | 装船 | 卸船 | 卸船后 | | | 出口 | 进口 |
| FAS | 装运港船边 | 卖方 | 买方 | 买方 | 买方 | 买方 | 买方 | 卖方 | 买方 |
| FOB | 装运港船上 | 卖方 | 按合同 | 买方 | 买方 | 买方 | 买方 | 卖方 | 买方 |
| CIF | 装运港船上 | 卖方 | 卖方 | 按合同 | 买方 | 卖方 | 卖方 | 卖方 | 买方 |
| CFR | 装运港船上 | 卖方 | 卖方 | 按合同 | 买方 | 卖方 | 买方 | 卖方 | 买方 |

# 项目二　信用证

**【项目介绍】**

在国际贸易中,买卖双方通常在合同中明确货款的结算方式,以保障各自的利益。当前,汇付、托收和信用证是基本的支付方式,以信用证方式最为普遍。随着国际贸易的不断发展,国际货款的结算方式趋于多样化。本项目主要介绍信用证的含义、特点、当事人、业务流程。

## 任务 2－1　了解信用证的含义及其当事人

**【任务分析】**

在国际贸易中,买卖双方分处异国,无法做到如同当面交易那样一手交钱、一手交货。卖方希望款到交货,而买方希望货到付款,双方从各自利益考虑,力求在货款收付方面能得到较大的安全保障,以尽量避免遭受钱货两空的损失局面。这一状况阻碍了国际贸易的开展。

信用证是银行应买方的申请向卖方开具的银行保证。只要卖方将代表货物权利的提单等信用证上要求的单据按时提交给银行,银行就保证支付货款。而买方在从银行拿到代表货物权利的提单等单据时,才需支付货款。可见,信用证这一支付方式使国际贸易中的买卖双方均可一手交钱、一手交货,避免任何一方钱货两空的风险,促进了国际贸易的开展。本任务要求同学们了解信用证支付方式的含义及其当事人的作用。

**【相关知识】**

### 一、信用证(Letter of Credit,L/C)的含义

信用证是开证银行根据开证申请人(买方)的要求和指示,向受益人(卖方)开立的在一定金额和一定期限内凭规定的单据承诺付款的书面文件。

## 二、信用证业务的当事人

信用证业务中涉及的当事人很多,通常有以下几个:

(一)开证申请人(Applicant)

开证申请人又称开证人,是指向银行申请开立信用证的人。在国际贸易中,开证人通常是买卖合同中的买方。开证申请人的义务是向开证行付款赎单。

(二)开证行(Issuing Bank)

是指应开证申请人(买方)的要求向受益人(卖方)开立信用证并承担付款责任的银行。开证银行一般是进口商所在地的银行,它是信用证下的第一付款人,对受益人承担独立责任,是信用证业务的核心。

开证行的付款通常为终局性的付款,一经付出不得追索,即使付款后发现单证不符,或进口商拒不赎单,也不能向出口商、议付行、付款行或偿付行等追索。

(三)受益人(Beneficiary)

是指信用证上所指定的有权开具汇票向开证行或其指定的付款行索取货款的人,通常是买卖合同中的卖方。

(四)通知行(Advising Bank)

是指受开证行的委托,将信用证转交或通知给受益人的银行。通知行只负责证明信用证的表面真实性,并不承担其他义务。在信用证的真实性得到证实后,通知行应根据开证行的要求,缮制通知书,及时、正确地通知受益人。通知行一般是出口人所在地的银行,而且通常是开证行的代理行。

(五)议付行(Negotiating Bank)

是指根据开证行在议付信用证中的授权,买入受益人符合信用证规定的跟单汇票和单据的银行。议付行可以是信用证上指定的银行,也可以是非指定的银行。实践中,议付行一般由通知行兼任。开证行收到议付行寄来的单据,如发现单据不符合信用证条款,可以拒绝偿付。因此,议付行必须严格审单。

(六)付款行(Paying Bank;Drawee Bank)

是指信用证上指定的履行信用证付款责任的银行。付款行既可以是开证银行自己,也可以是它指定的另一家银行。付款行一经付款后,不得向受益人追索,只能向开证行索偿。

(七)保兑行(Confirming Bank)

是指根据开证行的请求在信用证上加具保兑的银行。保兑行的责任与开证行相同,在付款或议付后,即使开证行倒闭或无理拒付,也不能向受益人追索。保兑行可以由通知行兼任,也可以由其他银行加具保兑。

## 【案例讨论】

1. 国外一家开证银行在审查我某进出口公司(受益人)通过中国银行(议付行)提交的全套单据期间发现开证申请人倒闭,开证银行便以开证申请人倒闭为由通知议付行转告受益人拒付货款。

讨论:你认为开证行这种做法是否正确?为什么?

2. 国外一家贸易公司与我国某进出口公司订立合同,购买小麦500吨。合同规定,2002年1月20日前开出信用证,2月5日前装船。1月28日买方开来信用证,有效期至2月10

日。由于卖方按期装船发生困难,故电请买方将装船期延至2月17日并将信用证有效期延长至2月20日,买方回电表示同意,但未通知开证银行。2月17日货物装船后,卖方到银行议付时,遭到拒绝。

讨论:银行是否有权拒付货款?作为卖方,应当如何处理此事?

**【想一想】信用证业务中涉及的当事人分处不同国家,银行根据各自的习惯和利益行事,经常出现因对信用证条款理解不同而产生的争端,如何解决这些争端呢?**

信用证方式把原来应由进口商履行的付款责任转由银行履行,只要受益人按照信用证规定的要求向银行提交货运单证,银行承担第一性的付款责任。这种以银行信用为保证的付款方式在一定程度上解决了进出口商在付款和交易方式上互不信任的矛盾。为了统一各国对跟单信用证条款的解释和做法,国际商会(ICC)于1930年制定了《跟单信用证统一惯例》(Uniform Customs and Practice for Documentary Credits),供各银行或银行公会采用。其后ICC分别在1951年、1962年、1974年、1983年、1993年相继对《跟单信用证统一惯例》进行了修改。现行文本是2006年10月经ICC银行技术实务委员会通过的《跟单信用证统一惯例》(2007年修订本),即国际商会第600号出版物(简称《UCP600》),已于2007年7月1日正式生效。

**【议一议】汇票是什么?**

在国际贸易货款结算中,通常使用支票、本票和汇票这类支付工具,其中以使用汇票较为常用。根据我国《票据法》的规定,汇票是出票人签发的,委托付款人在见票时或者在指定日期无条件支付确定的金额给收款人或者持票人的票据。汇票的付款人可以是银行,也可以是个人或工商企业。

## 任务2-2 了解信用证支付方式的特点及业务流程

**【任务分析】**

《跟单信用证统一惯例》尽管不是法律,但在世界范围内得到了广泛的承认和接受,是跟单信用证业务的指导性文件。受益人向银行交单议付货款时,一定要保证“单单相符、单证相符”,如果操作过程中出现问题该怎么办呢?

本任务要求同学们能够了解信用证支付方式的特点及业务流程、信用证上与海运相关的主要内容,知道船方签发的何种提单会被银行拒付货款。

**【相关知识】**

### 一、信用证的特点

(一)信用证是一种银行信用

在信用证结算方式下,只要受益人提交的单据完全符合信用证的规定要求,开证行必须对其或其指定人付款,而不是等进口商付款后再转交款项。因此,信用证支付方式是以银行信用作保证的，开证行承担第一性的付款责任，即把原来由进口商履行的“凭单付款”责任，转由银行来承担。

按《跟单信用证统一惯例》的规定，在信用证业务中，开证行对受益人的付款责任是首要的、独立的。即使开证申请人事后丧失偿付能力，只要出口人提交的单据符合信用证条款，开证行也必须承担付款责任。

(二)信用证是一项独立的文件

信用证是依据买卖合同开立的，但一经开立，即成为独立于买卖合同之外的契约，信用证各当事人的权利和责任完全以信用证条款为依据，不受买卖合同的约束。

买卖合同只能约束进出口双方，而与信用证业务的其他当事人无关。因此，开证行只对信用证负责，只凭完全符合信用证条款的单据付款，而且一旦付款，开证行就丧失了对受益人的追索权。

(三)信用证业务是一种单据业务

信用证业务是“单据业务”，即银行处理信用证业务只凭单据，不问货物的真实状况如何。银行以受益人提交的单据是否与信用证条款相符为依据，决定是否付款。如开证行拒付，也必须以单据上的不符点为由。这种“相符”必须是“严格符合”，不仅要单证一致，而且还要求单单一致。

采用信用证付款方式，银行承担第一性付款责任，它既在一定程度上解决了买卖双方间互不信任的矛盾，又为买卖双方提供了资金融通的便利。因这种付款方式实行单据和货款对流的原则，使卖方能安全迅速地收到货款，买方能按时收到货运单据，买卖双方都乐意接受，所以它在国际贸易结算中被广泛采用。

**二、信用证方式的业务流程**

采用信用证方式付款时，从开证申请人向银行开立信用证到开证行付清货款，需要办理各种手续，信用证方式的业务流程因信用证种类、条款内容不同也不尽相同，现以国际贸易中常用的不可撤销跟单信用证为例，介绍信用证方式的主要业务流程。

1. 买卖双方在贸易合同中规定使用跟单信用证支付。

2. 买方填制开证申请书，交纳押金和手续费，要求开证行开出以卖方为受益人的信用证。

3. 开证行将信用证寄交卖方所在地的通知行。

4. 通知行核对签字印鉴(信开)或密押(全电开)，确定其真实性后，将信用证转交给卖方。

5. 卖方审核信用证与贸易合同相符后，按信用证规定装运货物，并备齐各项货运单据，开具汇票，在信用证有效期内一并送交当地银行(议付行)请求议付。

6. 议付行核对各单据与信用证，确认单证相符、单单相符后，同意议付。议付行购进汇票和随附单据，汇票金额扣除利息和手续费，将货款垫付给卖方。

7. 议付行将汇票和单据寄交开证行或其指定的付款行索偿。

8. 开证行或其指定的付款行审单无误后，向议付行付款。

9. 开证行在向议付行办理转账付款的同时，通知买方付款赎单；买方审单无误后，付清货款。

**三、信用证上与海运有关的内容**

国际上信用证没有统一的格式，各银行信用证内容基本相同，主要包括对信用证本身的说明、信用证有关当事人的名称和地址、有关货物的描述、对运输的要求、对单据的要求及特别条

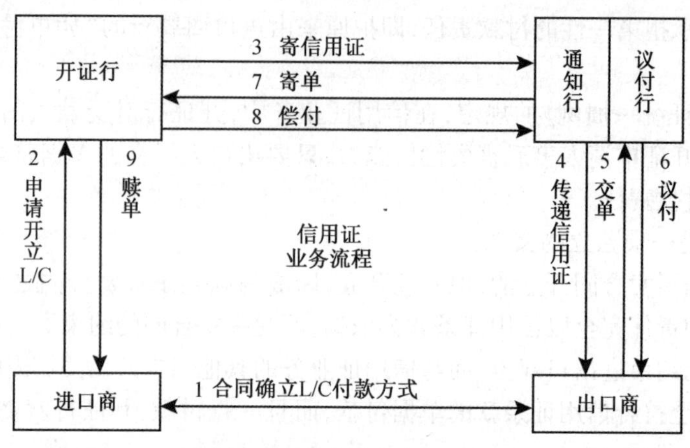


表1-3 跟单信用证业务流程

款等。以下仅介绍信用证上与海运相关的内容。

(一)单据条款

在信用证交易中,银行仅凭单付款。如果银行认为卖方所提交的单据不符合信用证的要求,有权拒付。只要单据与信用证要求相符,银行就必须付款,即使单据项下的货物有作假情况,银行对此也不负任何责任。

信用证单据条款通常包括对汇票的要求、对货运单据的要求和对官方单据的要求。对货运单据的要求主要是对商业发票、海关发票、提单或运输单据、保险单等的要求。

(二)装运条款

该条款主要规定货物的运输方式、装运的期限、装运港和目的港的名称、是否允许分批装运、可否转运等。

(三)信用证的有效期限、装运期限及交单期

1. 有效期限(Expiry Date)

信用证的有效期限是受益人向银行提交单据的最后日期。受益人应在有效期届满之前或当天向银行提交信用证规定的单据。受益人如果不在有效期内向银行提交有关单据,开证行可以以信用证过期为由解除其付款责任。

2. 装运期限(Shipment Date)

信用证规定的装运期限是受益人(卖方)装船发货的最后期限。受益人应在装运期限届满之前或当天装船发货。信用证的装运期限应在有效期限内。

3. 交单期(Period for Presentation of Documents)

信用证规定的交单期限,是一个在装运日期后的一定时间内受益人向银行提交运输单据和其他规定单据的期限。一般交单期会在信用证中规定,如未规定,则应在装船后21天之内交单,超过21天未交单银行将拒付。

## 【案例讨论】

1. 甲公司收到国外开来的不可撤销信用证,由国内乙银行通知并加保兑。甲安排货物装船后,正拟将有关单据提交银行议付时,接到乙的通知,由于开证行已宣布破产,乙不承担对信用证的议付或付款责任,建议甲公司改为以托收或其他方式向客户收取货款。

讨论:你认为乙银行拒绝议付或付款的做法对吗?为什么?

2. 国外开来信用证,规定最迟装运期为2007年7月31日,信用证有效期为2007年8月15日。受益人提供的提单签发日期是2007年7月20日。受益人8月14日向议付银行交单。

讨论:银行是否接受议付?

**【想一想】受益人提交的货运单据是什么?**

货运单据通常是指代表运输中的货物或证明货物已经付运的单据。它们具体反映了与货物运输有关的当事人(如发货人、承运人、收货人等)的责任与权利,是货物运输业务中最重要的文件,也是结汇的主要单据。货运单据包括提单、铁路运单、航空运单、邮包收据等。

**【议一议】受益人提交的哪些海运提单通常会遭到银行的拒付?**

信用证方式下,银行通常不接受不清洁提单、收货待运提单、记名提单及不符合信用证条款规定的舱面货提单、租船合同下提单。

**【测一测】单项选择题**

1. 根据《Incoterms ® 2010》,卖方承担义务最小的术语是________。
   A. FAS　B. FOB　C. DAT　D. EXW
2. 按CIF价格条件成交,一般容易发生争议的问题是________。
   A. 风险的划分　B. 装货费用的分担
   C. 卸货费用的分担　D. 理货费用的分担
3. 如果外贸进口合同中的价格条款是FOBSTL,当签订运输合同时,不应选用航次租船合同的________条款。
   A. 班轮　B. F. I. O.　C. F. I.　D. F. I. O. S. T.
4. 根据《Incoterms ® 2010》,采用FOB条件成交,买卖双方风险划分的界限是________。
   A. 运输工具上　B. 装运港船边　C. 装运港船舷　D. 装运港船上
5. 根据《Incoterms ® 2010》,按CFR条件成交,卖方无义务________。
   A. 提交货运单据　B. 租船、订舱　C. 办理货运保险　D. 取得出口许可证
6. 根据《Incoterms ® 2010》,采用CIF条件成交,货物装船时从吊钩脱落掉入海里,造成的损失应由________负担。
   A. 卖方　B. 买方　C. 承运人　D. 买卖双方共同
7. 根据《Incoterms ® 2010》,CIF与CFR的主要区别在于________。
   A. 办理租船订舱的责任方不同　B. 办理货运保险的责任方不同
   C. 风险划分的界限不同　D. 办理出口手续的责任方不同
8. 实际业务中,FOB条件下,买方常委托卖方代为租船、订舱,其费用由买方负担,如到期订不到舱,租不到船,________。
   A. 卖方不承担责任,其风险由买方承担　B. 卖方承担责任,其风险也由卖方承担
   C. 买卖双方共同承担责任、风险　D. 双方均不承担责任,合同停止履行
9. 采用CFR术语成交,出口方欲不负担卸货费用,可选用________。
   A. CFR Ex Tackle　B. CFR Ex Ship's Hold

C. CFR Liner Terms　　　　D. CFR Landed

10. 与 FOB 相比,CFR 条件下卖方增加的责任是________。

A. 交付货物　　　　B. 租船、订舱

C. 办理货运保险　　　　D. 办理出口通关手续

11. 在信用证业务中,银行的责任是________。

A. 只看单据,不看货物　　　　B. 既看单据,又看货物

C. 只管货物,不看单据　　　　D. 既不看单据,也不看货物

12. 在合同规定的有效期,________负有开立信用证的义务。

A. 卖方　　B. 买方　　C. 开证行　　D. 议付行

13. 关于信用证的有效期,除特殊规定外,银行将拒绝接受迟于运输单据出单日期________天后提交的单据。

A. 20　　B. 30　　C. 25　　D. 21

14. 信用证支付方式实际上是把进口人履行的付款责任转移给________。

A. 出口人　　B. 银行　　C. 供货商　　D. 最终用户

# 模块二　班轮运输业务

**【知识目标】**

- 了解班轮运输相关知识
- 掌握传统杂货班轮运输货运程序及货运单证
- 掌握集装箱运输装箱方式及交接方式
- 了解国际多式联运与无船承运业务

**【能力目标】**

- 知道班轮运输的特点
- 能区分装货单、收货单、装货清单、载货清单、配载图和积载图、残损单和溢短单、提货单的作用
- 能区分承运人与货方对集装箱整箱货和拼箱货的责任划分
- 知道国际多式联运的经营人的责任类型与无船承运的基本概念

**【问题导入】**

远洋运输是随着航海贸易的发展而发展起来的。为了适应不同货物和不同贸易合同对运输的不同需求，也为了合理地利用远洋运输船舶的运输能力，并获得最佳的营运经济效益，当前国际上普遍采用的远洋船舶的营运方式可分为班轮运输和租船运输。

实践中，哪些货物适合班轮运输？班轮运输的特点及货运程序是什么？传统杂货班轮运输业务中划分船方、货方及港方之间货物交接责任的单据包括哪些？集装箱的出现，为开展国际多式联运业务提供了哪些便利？

## 项目一　班轮运输概述

**【项目介绍】**

实践中，约90%的国际贸易货物运输量是通过海运方式完成的，其中班轮运输货运量约占海运量的20%，但货运价值却占海运总价值量的80%，而且随着世界制成品贸易的迅速发展而不断扩大。

本项目主要介绍班轮运输的概念和特点、传统杂货班轮运输货运程序及主要货运单证、集

装箱班轮运输的基本概念、集装箱货物的装箱方式及交接方式、国际多式联运与无船承运的基本概念。

远洋船舶驾驶人员应熟悉和掌握班轮运输的概念、特点,了解班轮运输的种类、组织条件及优点,才能顺利完成货物运输任务。

## 任务1-1 掌握班轮运输的概念

### 【任务分析】

班轮运输是在件杂货运输量激增的条件下发展起来的船舶营运方式,有其自身的特点和独特的经营方式。为方便货主安排货物,及时办理订舱手续,班轮公司通常会定期发布船期表。本任务要求同学们掌握班轮运输的概念、形式,了解经营班轮运输应具备的条件。

### 【相关知识】

**一、班轮运输的概念**

班轮运输(Liner Shipping)又称定期船运输,是指船舶按事先公布的船期表,在特定的航线上,以既定的挂靠港口顺序,经常地从事航线上各港间的船舶运输。

**二、班轮运输的形式**

(一)按定期、定线是否严格区分

1. 定线定期班轮

又称正规班轮运输,是指以固定的船舶,严格按照预先公布的船期表(Service Schedule)组织运行,船舶抵、离港口的时间固定不变。这是班轮运输的主要形式。

2. 定线不定期班轮

又称不正规班轮运输,是指船舶虽有船期表,也有固定的始发港与目的港,但船舶抵、离港的时间可有一定的伸缩,且其余港口是否停靠可视货源情况临时增减。

(二)按承运船舶的类型区分

1. 传统杂货班轮运输

在传统杂货班轮运输中,货物都是以件为单位计数的零星货,对这类货物都是一包一件地进行装卸、堆码、积载和装船运送的,装卸效率很低,船舶在港停泊时间较长。

2. 集装箱班轮运输

是指以集装箱为单元,将原来以件为单位的零星货物集零为整地装入集装箱,然后进行装卸、堆码保管、装船运输。此种运输方式不仅保证了货运质量,节省人力、减轻劳动强度、提高装卸效率,还便于进行多式联运、实现“门到门”运输。

### 【想一想】经营班轮运输应具备什么条件?

1. 应配置技术性能较高、设备齐全的船舶

为了保证船期,就需要有一些质量较好、船速较高的船舶;为满足各种不同货物,特别是为满足如冷藏货、贵重货、危险货、重大件货等对运输的要求,就要求船舶的设备比较齐全,例如需要有冷藏舱、贵重物品舱室等;为了便于不同港口各种货物的装载与分隔,保证货物的运输

质量,船舶的货舱应具有多层甲板,以适应各种货物对运输的要求。

2. 应配备技术和业务水平较高的船员

为船舶配备技术和业务水平较高的船员不仅是航行安全的需要,而且是确保所载货物安全的需要。班轮船舶承运的主要是件杂货,品种繁多,货物的特性和包装形式差异很大,挂靠港口较多,装卸作业频繁,而且又分属许多不同的货主,对货物的积载和保管都有不同要求,稍有不慎,就可能造成货损、货差事故。所以,为了安全地积载、保管和照料货物,就要求船舶配备受过专门训练、货运技术和业务水平较高的船员,特别是需要配有经验丰富的船长和大副。

3. 应有一套适于接收和交付小批量货物的货运程序

班轮所承运的货物种类多、批量小,而且分属许多不同的货主,为确保经常而又稳定的货源,经营班轮的船公司除必须定期在公开的媒体上公告船期外,还要在中途挂靠港口和这些港口的腹地设置揽货分支机构、营业所,或委托代理人从事揽集货载的工作。在货物交接方面,由于货主多、货物批量小,为避免装卸过程的中断,不可能要求每个发货人都将货物送至船边等待装船,也不可能要求每个收货人都在船边提货的情况下,就需要建立一套不同于其他船舶营运方式的货运程序。

## 任务1-2　掌握班轮运输的特点

### 【任务分析】

货载的零星、多样及船舶运行的定期、定线是班轮运输最明显的特点。除此之外,班轮运输中货物装卸工作由谁承担?以什么标准计收运费?是否需要规定船舶在港可用的装卸时间?发生货损纠纷应如何解决?

通过本任务的学习,同学们能够掌握班轮运输的特点及优点。

### 【相关知识】

**班轮运输的特点**

(一)“四固定”

班轮运输是船舶按照固定的船期表,沿着固定的航线和港口来往运输,并按相对固定的运费率收取运费的船舶营运方式。可见,航线固定、港口固定、船期固定和费率的相对固定,是班轮运输最基本的特点。

(二)按照提单条款组织运输

班轮运输中,货物装船前承运人和货主之间并不以书面签订运输合同或租船合同,而是根据订舱时的口头约定将货物装船,货物装船后,再由船公司或其代理人签发事先印制好的提单,其上详细记载了有关承运人、托运人或收货人的权利、义务、赔偿责任和免责条款,是解决运输中所产生争议的依据。所以班轮运输也被称为提单运输。

(三)按照事先公布的运价本计收运费

班轮运输通常按照事先公布的运价本(Tariff)规定的运价计收运费。运价本一经公布,在相当长的期间将保持不变,如果因某些特殊原因导致短期内运输收入减少或运输成本增加,则可以通过加收附加费(Surcharge or Additional)的办法减少损失。

(四)承运人负责货物的装卸工作

班轮运输中,除另有约定外,货物的装卸工作应由承运人负责,并负担其全部费用。

(五)通常在码头仓库交接货物

班轮运输中一般都要求托运人将货物送至承运人指定的码头仓库,由仓库经营人代表承运人接收货物和将货物卸至码头仓库后,收货人在码头仓库提取货物。即承运人是在装货港指定的码头仓库接收货物,并在卸货港的码头仓库向收货人交付货物。

(六)不规定货物的装卸时间

因为班轮运输中货物由承运人负责配载、装卸,承运人与托运人双方不存在计算滞期费和速遣费的问题,就没有必要约定货物的装卸时间,但可以约定托运人或收货人须按照船舶的装卸速度交货或提取货物,否则,应赔偿船方因降低装卸速度或中断装卸作业所造成的损失。

**【想一想】班轮运输有哪些优点?**

1. 能提供较高的服务质量

保证船期、提高竞争能力、吸引货载是班轮运输公司所追求的目标。班轮运输的管理制度较为完善,船舶的技术性能较好、设备齐全,船员的技术和业务水平较高。在班轮停靠的港口,班轮公司一般都有自己的专用码头、仓库和装卸设备,所以货运质量较有保证,能适应定期运行的航线和货源的特点。

2. 特别适合一般杂货和小额贸易货物的运输需要

在国际贸易中,除大宗商品利用租船运输外,零星成交、批次多、到港分散的货物,只要班轮有舱位和航班,不论数量多少,也不论直达或转船,班轮公司一般均愿意安排承运。托运人可随时向船公司托运,而无需集中大批量货物后再交付运输,从而节省货物等待运送的时间和仓储费用。

3. 有利于贸易双方核算运输成本,促进国际贸易的发展

班轮运输的"四固定"特点,为买卖双方洽谈运输条件提供了必要依据,使买卖双方有可能事先根据班轮船期表,商定交货期、装运期以及装运港口,并且根据班轮费率表事先核算运费和附加费用,从而比较准确地进行比价和核算货物价格。

4. 手续简便,有利于收、发货的合理安排

班轮运输一般采取码头仓库交接货物的做法,并负责办理货物的装卸作业和全部费用,通常还负责货物的转运,定期公布船期表为货方提供了诸多方便。

# 项目二　传统杂货班轮运输业务

**【项目介绍】**

传统杂货班轮运输以件杂货为主,承运人的责任期间通常是从货物装上船时开始到卸下船为止的一段时间,除非承运人与托运人之间另有约定。实践中,针对不同的货物,传统班轮运输在装船、卸货、交付等方面采用不同的方式,货物交接过程中使用不同的货运单证,它们是

划分承运人与托运人关于货物灭失、损坏风险责任的依据,是买卖双方以及货承双方办理货物交接的证明。远洋船舶驾驶人员应熟悉和掌握传统班轮运输的货运程序及主要货运单证,弄清货损责任归属,正确签署货运单证,以保护承运人的利益。

## 任务2-1 掌握传统杂货班轮运输的货运程序

### 【任务分析】

班轮运输是按照事先规定的船期表,在固定的航线上,经常从事船舶运输的营运方式。其在同一航线上的船型相似并保持一定的航班密度,在沿途停靠若干固定港口,对于停靠的港口,不论货物数量多少,一般都接受托运。因为其所承运的货物批量小、货种繁多、挂靠港多,所以逐步形成了从揽货订舱开始,适用小批量货物装船、卸货及交付的货运程序。本任务要求同学们掌握揽货与订舱的概念,装船、卸货及货物交付的方式,了解误卸的法律责任。

### 【相关知识】

**一、揽货和订舱**

(一)揽货(Canvassion)

揽货是指从事班轮运输经营的船公司为使自己所经营的班轮运输船舶能在载重量和舱容上得到充分利用,力争做到"满舱满载",以期获得最好的经营效益而从货主那里争取货源的行为。

(二)订舱(Booking)

订舱是指托运人或其代理人向承运人即班轮公司或其营业所或其代理机构等申请货物运输,承运人对这种申请给予承诺的行为。

(三)揽货和订舱时应注意的问题

1. 船舶舱位的分配

揽货订舱前,船公司首先参考过去的实际情况,预先将就航于该航线上的各船舶舱位在装货港间进行适当的分配,定出限额,使船舶舱位得到充分和合理的利用,以确保航线船舶满舱满载,避免出现亏舱和严重爆舱情况。

2. 承揽货物的性质、包装和重量

承揽货载时,必须综合考虑各票货物的性质、包装、重量及尺码等因素,确定某一船舶在某一航次所装货物的种类和数量。不同的货物对运输和保管常有不同的要求,而且装运不同的货物在积载上常有各种限制或规定。

3. 挂靠港的法规和章程

由于国际贸易货物的装货港、卸货港及过境港分处不同国家,所适用的法律规定或港口当局的规章、管理办法等不尽相同。船公司承揽货物时,必须了解挂靠港的法规和章程,以避免纠纷的产生。

### 【拓展知识】"指定货"业务

以 FOB 价格条件成交的国际货物买卖合同中,通常都是由买方来指定承运人,指示卖方将买卖合同项下的货物交付给该指定承运人在国内的代理,在航运实践中这种业务被称为“指定货”。

## 【案例讨论】

某毛巾厂与韩国KM公司签订出口毛巾合同,约定价格条件为FOB青岛,合同总价4万美元。合同订立后,KM公司委托韩国JB货运公司负责货物运输,JB公司通过其在青岛设立的办事处操作该笔业务。根据JB公司青岛办事处的指示,毛巾厂将货物交至青岛某场站,从JB公司青岛办事处拿到了该办事处签发的抬头表明韩国JB公司为承运人的提单(航运界称之为H B/L—HOUSE BILL OF LADING),用于信用证结汇。因单证不符,包括JB公司提单在内的结汇单据被开证行退回,但提单项下的货物却已经被KM公司提走。后来得知,KM公司在同一时期在未取得正本提单情况下,从JB公司处提取了全部货物,提货未向银行付款赎单。KM公司负责人将到手货物变现后潜逃至加拿大,KM公司人去楼空。

讨论:毛巾厂该如何做才能挽回损失?如果把JB公司在青岛的办事处换成另一家与JB公司无任何关系的货运公司操作该笔业务,结果又会怎样?

### 二、装船与卸货

#### (一)装船

1. 直接装船

又称现装,是指托运人将其所托运的货物送至码头承运船舶的船边并进行交接,然后由承运人将货物装到船上。如果船舶是在锚地或浮筒作业,托运人还应负责使用自己的或租用的驳船,将货物驳运至船边,办理交接后将货物装到船上。对一些特殊的货物,如危险品、冷冻货、鲜活货、贵重货,多采用船舶直接装船。

2. 集中装船

集中装船是指由承运人在各装货港指定装船代理人,在各装货港的指定地点(通常为码头仓库)接收托运人送来的货物,办理交接手续后,将货物集中并按货物的卸货次序进行适当的分类后再进行装船。在班轮运输中,为了提高装船效率,减少船舶在港停泊时间,不致延误船期,通常采用集中装船的方式。

#### (二)卸货

1. 卸至船边

是指在卸货港将船舶所承运的货物从船上卸下,在船边交给收货人或代其收货的人并办理货物的交接手续。由于班轮运输所承载的货物批量小、货主繁多,若每个收货人都与承运人在船边完成货物交接,势必造成港口混乱并影响卸货效率,因此除贵重品、危险品等少量特殊货物外,通常不采用该种卸货方式。

2. 集中卸货,仓库交付

是指由承运人指定的卸船代理人负责在船舶到港后,先将货物卸至码头仓库,进行分类后再向收货人交付。在班轮运输中,为了使分属于众多收货人的各种不同的货物能在船舶有限的停泊时间内迅速卸完,通常采用该种卸货方式。

## 【拓展知识】发生溢卸、短卸的损失由谁承担?

卸货时,船方和装卸公司应根据载货清单和其他有关单证认真卸货,避免发生差错。然而由于众多原因,难免发生将本应在其他港口卸下的货物卸在本港(即溢卸),或发生本应在本港卸下的货物遗漏未卸的情况(即短卸)。溢卸和短卸统称误卸。

关于因误卸而引起的货物延迟损失或货物的损坏责任问题,一般在提单条款中都有规定,通常规定因误卸发生的补送、退运的费用由船公司负担,但对因此而造成的延迟交付或货物的损坏,船公司不负赔偿责任。如果误卸是因标志不清、不全或错误以及因货主的过失造成的,则所有补送、退运、卸货和保管的费用都由货主负担,船公司不负任何责任。

## 三、交付货物

### (一)交付货物的基本程序

交付货物是海上货物运输承运人的基本义务,是指承运人或其代理人凭提单将货物交付给收货人的行为。通常承运人在收到货物以后都会签发提单,提单的定义说明承运人承诺了对提单持有人的交货义务,承运人适当交付货物是每个运输合同的默示条款。承运人必须把货物安全送到目的港并按提单记载的货物状况,在约定的期限内将货物交付于有权提取货物的收货人,才属完全履行运输合同。

交付货物分两个步骤:一是收货人向承运人或其代理人办理提货手续;二是收货人提取货物时的交接、交付,如果是在船边进行,由承运人(船舶)负责,如果货物卸进港区库场,由港口经营人负责。其具体过程是:收货人将提单交给承运人在卸货港的代理人,并付清必要费用(如到付运费、共同海损分摊等),经代理人审核无误后,签发提货单交给收货人,然后收货人再凭提货单前往码头仓库提取货物并与卸货代理人办理交接手续。凭提单换取提货单是收货人在目的港向承运人要求提取货物的必要程序。

实践中,在提单持有人到承运人或其代理人处办理提货手续时,除记名提单需要确认持单人是否提单记载的收货人外,谁是提单持有人,谁就是法律意义上的收货人。承运人或其代理人是凭提单确认,简而言之"认单不认人"。提单对贸易起了很大的促进作用,买方不必等货物到港后才开展贸易活动,他可以直接用正本提单进行交易。但随即也产生了伪制提单、无正本提单交付货物的违规操作。

### (二)交付货物的特殊方式

交付货物标志着运输任务的完成,标志着承运人对货物责任的终结和运输合同下其义务的完成。在货物交付的环节上,提单仅起到了让承运人辨别表面收货人的作用,提单的收回并不意味着货物的实际交付,真正能实际提到货物的是提货单。

正常情况下,承运人或其代理人应该按照上述基本程序完成交付作业,通常采用仓库交付货物或船边交付货物。实践中,出现了需要按照国际惯例或特殊规定办理货物交付手续的情况,即货主选择卸货港交付货物、变更卸货港交付货物、凭保证书交付货物等。本节着重介绍以下两种:

1. 货主选择卸货港交付货物

是指货物在装船时,托运人尚未确定具体的卸货港,待船舶开航后,再以提单上所载明的选卸港范围,选定对自己最方便或最有利的卸货港,并在这个港口卸货和交付货物。

在办理货物托运时,这种由托运人选择卸货港进行交付的货物称为"选港货"(Optional Cargo)。货主采用选择卸货港交付货物时,必须在船舶自装货港开航后,抵达第一个选卸港之前的一定时间以前(通常为24小时或48小时),将选定的卸货港通知船公司及其在选定港的代理人。由于船舶开航前托运人未确定具体的卸货港,使船方在货物积载等方面要做出特殊的安排,因此承运人通常对此征收特殊费用,即选港附加费。

选择卸货港交付货物是双方约定的正常情况。其程序与正常情况下交付货物的基本程序并没有什么不同,只要提交一份正本提单换取提货单,据以提取货物即可。

2. 变更卸货港交付货物

是指在提单上所记载的卸货港以外的其他港口卸货和交付货物。

变更目的港的要求,由收货人提出,承运人可视货物积载情况予以考虑,例如在装卸上能否实现这种变更,比如是否会发生严重的翻舱、捣载情况,在变更的卸货港所规定的停泊时间能否来得及将货物卸下,是否会延误本船的开航时间等情况后,才能决定是否同意收货人这种变更申请。

船舶所要变更的卸货港必须是船舶该航次的基本挂靠港,并且变更要求应在船舶抵达原定卸货港或所要变更的卸货港之前提出。承运人一旦接受变更要求,除按变更后卸货港计收运费外,由倒舱、翻舱等所引起的额外费用及损失,均由提出变更申请的收货人承担。并且收货人在办理提货手续时,必须向船公司在变更后的卸货港的代理人交出全套正本提单并交清必要费用后才能办理。

**【议一议】选择卸货港交付货物与变更卸货地交付货物的区别**

表 2-1　选择卸货港交付货物与变更卸货地交付货物比较

| 项目 | 提出时间不同 | 申请人不同 | 费用承担不同 | 提货要求不同 |
|---|---|---|---|---|
| 选择卸货港交付 | 订舱时 | 托运人 | 托运人 | 一份正本提单 |
| 变更卸货地交付 | 船舶开航后 | 提单持有者 | 提单持有者 | 全套正本提单 |

## 任务 2－2　掌握传统杂货班轮运输的主要单证

### 【任务分析】

班轮运输中,货物从托运、装船,直到卸货、交付的每一环节中都需要编制各种单证,这些单证是联系工作的凭证、划分风险责任的依据、办理货物交接的证明。远洋货运单证种类繁多,各国家或港口、各船公司都不完全一致,但主要单证的基本内容、形式和作用大致相同。

本任务要求船舶驾驶人员能掌握装货单、收货单、装货清单和载货清单、危险货物清单、货物配载图和积载图、货物残损单和溢短单、提货单的主要内容和作用,能正确使用批注签署收货单等,了解理货中常用的单证和货运单证的流转程序。

### 【相关知识】

**一、装船单证**

(一)托运单(Booking Note, B/N)

托运单(有时用"委托申请书"代替),是托运人根据贸易合同和信用证条款内容填制的,向承运人或其代理人办理货物托运的单证。如表 2-2 所示。

承运人或其代理人根据托运单内容,结合航线、挂靠港、船期和舱位等条件,如认为可以接受，就在托运单上签章，即表示已接受这一托运申请，承运人与托运人之间对货物运输的合同关系即告建立。

托运单的主要内容包括托运人、收货人的名称，船名，货名、件数、包装式样、标志、重量、尺码，目的港，装船期限，可否分批或转船以及信用证结汇期限等，如属危险品则须填写危险性质和危规号。

托运单内容虽未订明有关双方权利、义务和责任豁免的具体条款，但它意味着双方同意以该公司签发的提单条款为依据。

**表 2-2　海运出口托运单**

托运人________________________________________
Shipper

编号________________　　　　船名________________
No.　　　　　　　　　　　　S/S

目的港______________
For

<table>
<tr><td colspan="2" rowspan="2">标记及号码<br>Mark & Nos.</td><td rowspan="2">件数<br>Quantity</td><td colspan="4" rowspan="2">货名<br>Description of Goods</td><td colspan="4">重量公斤<br>Weight Kilos</td></tr>
<tr><td colspan="2">净重<br>Net</td><td colspan="2">毛重<br>Gross</td></tr>
<tr><td colspan="2" rowspan="3">共计件数（大写）<br>Total Number of Packages in Writing</td><td rowspan="3"></td><td colspan="4" rowspan="3"></td><td colspan="2"></td><td colspan="2"></td></tr>
<tr><td colspan="4">运费支付方式</td></tr>
<tr><td colspan="4"></td></tr>
<tr><td rowspan="2">运费计算</td><td colspan="4" rowspan="2"></td><td colspan="2">尺　码<br>Measurement</td><td colspan="4"></td></tr>
<tr><td colspan="6"></td></tr>
<tr><td>备注</td><td colspan="10"></td></tr>
<tr><td>抬头</td><td colspan="2"></td><td>可否转船</td><td colspan="2"></td><td>可否分批</td><td colspan="4"></td></tr>
<tr><td rowspan="2">通知人</td><td colspan="2" rowspan="2"></td><td>装运期</td><td colspan="2"></td><td>有效期</td><td></td><td colspan="2">提单份数</td><td></td></tr>
<tr><td>金额</td><td colspan="7"></td></tr>
<tr><td>收货人</td><td colspan="2"></td><td>银行编号</td><td colspan="2"></td><td>信用证号</td><td colspan="4"></td></tr>
</table>

制单　　　月　　　日

（二）装货单（Shipping Order，S/O）

装货单，是由托运人按照托运单的内容填制，交船公司或其代理人审核并签章后，据以要求船长将货物装船承运的凭证。

1. 装货单的组成

装货单是国际航运业通用的货运单证,通常为一式三联,又称为“装货联单”。我国目前在各港使用的装货联单的组成不尽相同,主要由以下三联组成:

(1)第一联:留底联(Counterfoil),用作编制装货清单(Loading List)。

(2)第二联:装货单联(Shipping Order),即装货单正本(Original)。既作为船长装船的依据,又作为货主向海关办理货物出口申报手续的凭据。

(3)第三联:收货单,习惯上称为大副收据(Mate's Receipt),是船方接收货物并已装船后,由大副签发给托运人的收据。

表 2-3 装货单

**SHIPPING ORDER**

托运人____________________
Shipper

编号____________________ 船名____________________
No. S/S

目的港____________________
For

兹将下列完好状况之货物装船后希望签署收货单

Receive on board the under mentioned goods apparent in good order and condition and sign the accompanying receipt for the same.

| 标记及号码 Mark & Nos. | 件数 Quantity | 货名 Description of Goods | 重量公斤 Weight Kilos | |
|---|---|---|---|---|
| | | | 净重 Net | 毛重 Gross |
| 共计件数(大写) Total Number of Packages in Writing | | | | |

日期____________________ 时间____________________
Date Time

装入何舱
Stowed____________________

实收
Receive____________________

理货员签名 经办员
Tallied By____________________ Approved By____________________

除上述三联外,根据业务需要,还可增加若干份副本,如外代留底联、运费计算联、理货公司留底联、货运代理留底联等。在我国增加了运费计算联和收取运费联。

2. 装货单的记载事项

装货单上除应记载与托运单内容相同的托运人名称、编号、船名、目的港及货物的详细情况等内容外，还有在货物装船后由理货人员填写的货物装船日期、装舱位置，实际货物装船数量以及理货人员的签名等内容。

3. 装货单的主要作用

(1)承运人同意承运货物的证明

承运人签发装货单，表示其已经同意承运货物，托运人可以据此办理货物出口报关和装船手续。装货单一经签发，船、货双方都应受到一定的约束。

(2)托运人办理货物出口报关手续的证明

托运人凭承运人签发的装货单，连同与货物有关的其他单证，向海关办理出口货物报关手续。如经海关查验，准予出口，则在装货单上加盖海关放行图章，表示允许该票货物装船出口。此时的装货单习惯上称为“关单”。船长或大副依据“关单”接收货物装船承运。

(3)船公司下达给船长接收货物装船承运的命令

托运人凭承运人签发，并经海关加盖印章的装货单，连同货物送交承运人指定的仓库。在货物装船时，托运人向船长提交此单据，船长必须接收货物装船承运。

4. 装货单的使用流程

在货物装船时，船方或承运人委托的理货部门根据装货单中所记载的内容与装船货物的实际情况仔细核对。每票货物装船完毕后，理货人员即核对理货数字，并在装货单上填写实装数量、装舱位置和装船日期并签名，再由理货长审查和签名，证明该票货物如数装船，然后连同收货单一起交给大副。大副在收货单上签字后，留下装货单，将收货单交回理货人员，然后由理货公司将收货单交托运人或其代理人。

(三)收货单(Mate's Receipt, M/R)

是指某一票货物装上船舶后，由船上大副代表船方签署给托运人，作为证明船方已收到该票货物并已装上船舶的凭证。所以，收货单又称为“大副收据”。

1. 收货单的记载事项

收货单是装货联单的第三联，除了增加大副签署一栏外，其所记载的内容和格式与装货单完全一样。

2. 收货单的主要作用

(1)划分船、货双方责任的重要依据

承运人对货物承担的责任通常是从装船开始的，对于装船前发生的货损，承运人不承担责任。所以，货物装船时，承运船舶的大副必须仔细核对货物的实际情况与装货单的记载是否相符。如发现包装不当或不固，或有损坏现象，或有明显的迹象表明可能损坏，大副有权在收货单上加以批注(Remark; Exception)，从而在一定程度上减轻或免除船方赔偿责任。这种在收货单上记载有关货物外表状况不良或缺陷的情况称为“批注”，习惯上称为“大副批注”。一旦收货单上有了此类批注，此时的收货单便称作不清洁收货单(Foul Receipt)，反之称为清洁收货单(Clean Receipt)。

(2)据以换取已装船提单的单证

货物装船后，经大副签字的收货单由理货公司转交，退还给托运人或其代理人后，托运人或其代理人持收货单到承运人或其代理人处付清预付运费，换取已装船提单。如果收货单上附有大副批注，除非经承运人同意凭托运人提交的保函换取清洁提单外，承运人应如实地将大副批注转批到提单上。

表2-4　收货单

**MATE'S RECEIPT**

托运人______________________________

Shipper

编号______________　　船名______________

No.　　S/S

目的港______________

For

下列完好状况之货物业已收妥无损

Received on board the following goods apparent in good order and condition.

<table>
<tr><td rowspan="2">标记及号码<br>Mark & Nos.</td><td rowspan="2">件 数<br>Quantity</td><td rowspan="2">货 名<br>Description of Goods</td><td colspan="2">重量公斤<br>Weight Kilos</td></tr>
<tr><td>净重<br>Net</td><td>毛重<br>Gross</td></tr>
<tr><td>共计件数(大 写)<br>Total Number of Packages in Writing</td><td></td><td></td><td colspan="2"></td></tr>
</table>

日期______________　　时间______________

Date　　Time

装入何舱

Stowed ______________________________

实收

Receive ______________________________

理货员签名　　大副

Tallied By ______________　　Chief Officer ______________

3.大副批注收货单时应注意的问题

(1)为了正确处理好批注问题,大副应避免在收货单上做过多的批注。装货时应密切注意货物情况,批注内容与事实相比既不应扩大,也不要缩小,批注用词切忌含糊不清。

(2)当发现货物外表状况不良,有残损、污渍,势必影响货运质量而必须在收货单上给予批注的,应在货物装上船之前要求托运人调换或修理好。如来不及调换或修理,必须批注的,应根据有关航运惯例如实地、公平合理地予以处理。

(3)装货时,大副发现发货人以次充好、以旧货顶新货和货物在装船时已存在某种残损而带来严重后果等问题,应在收货单上加以严格的批注。

(4)根据货物本身价值贵贱不同,批注要求也不一样。对贵重货物,除在装货时加强监督、检查外,凡有缺陷都应严格批注。例如:成套进口设备原则上不加批注,应要求退货,因为只要有一箱零件不齐,全套设备就不能用。

(5)批注不要重复提单背面条款中已有的免责内容。例如提单中通常规定:“本提单关于木材装船时外表状况良好的任何记载,并不表示承运人承认木材没有沾污、裂缝、洞孔或碎块。承运人对木材的沾污、裂缝、洞孔或碎块不负责任。”因此,在装运木材时,发现上述情况就无须在收货单上再做批注。

(6)当船方对托运人申报的货物的数量或重量等情况有合理的怀疑,或无合理的方法进行核对时,可以引用“不知条款”在收货单上注明“托运人提供的重量”等。

**【拓展知识】大副收据批注例句**

1. 关于装卸客观条件的批注

(1)应托运人要求雨天作业:Rain work at shipper's request

(2)应托运人要求夜晚作业:Night work at shipper's request

2. 关于货物标志的批注

(1)无标志:No marks

(2)标志不一:Various marks

(3)标志混杂:Marks mixed

(4)标志不详:Marks insufficient

3. 对包装不固的批注

(1)包装不足:Insufficient packing

(2)包装不固:Unsecurely packed

4. 关于货物残损的批注

(1)三袋破包:Three bags broken

(2)三袋撕破:Three bags torn

(3)三袋有手钩洞:Three bags with hook holes

5. 关于货物溢短的批注

(1)短装两件:Short shipped two packages

(2)溢装一箱:Over shipped one case

(3)五箱短少(溢出)在争议中:Five cases short(over)in dispute

6. 由于装卸工人原因造成的货损

装卸工人将一捆棉花跌落入海:One bundle of cotton fallen overboard by stevedores

7. 由于水、油湿污的批注

(1)五袋被油浸湿:Five bags wet by oil

(2)三箱装船前已有水渍:Three cases stained by water before shipment

8. 对甲板货的批注

甲板货托运人自负风险:Shipped(stowed)on deck at shipper's risk

(四)装货清单(Loading List,L/L)

是指承运人或其代理人根据装货单留底联,将全船待装货物按目的港和货物性质归类,依航次靠港顺序排列编制的装运货物汇总清单。

1. 装货清单的记载事项

装货清单主要内容包括装货单编号、货名、件数、包装形式、毛重、估计尺码及对装运特种货物的要求或注意事项的说明等。

如有增加或取消货载情况发生,则承运人或其代理人须及时填制加载清单(Additional Cargo List),或取消载货清单(Cancelled Cargo List),并及时通知船上。

2. 装货清单的作用

(1)是承运船舶的大副编制配载计划的重要依据。这一单据内容是否正确,对能否正确、合理地编制配载计划具有十分重要的影响。

(2)是现场理货人员进行理货,港方安排驳运、进出库场及承运人据以掌握托运人备货情况等的业务单据。

3. 大副在使用装货清单时应注意的事项

(1)对装货清单作全面核对与估算

当装货清单送上船后,大副必须检查装货清单的内容、项目是否齐全,特别是尺码、毛重、货物的性质等项。注意装货清单中提供的资料是否已将货物装舱的亏舱率(Broken Space)考虑在内,然后再估算船舶净载重量和容积与所提供的货物总重量和容积是否接近,前者是否大于后者。

(2)必须特别注意备注栏内对特种货物运输的专门要求,对某些重大件或不常见的包装货物,应在察看货件后再配舱。

**表 2-5　装货清单　　　船名　　　　页数**

Loading List of s. s. /m. v. "　　"　　Page No. ________

| 关单号码<br>S/O No. | 件数及包装<br>No. of Packages | 货 名<br>Description of Goods | 重量公吨<br>Weight in Metric Tons | 估计立方米<br>Estimated Space in Cu. M. | 备 注<br>Remarks |
| --- | --- | --- | --- | --- | --- |
| | | | | | |

(五)载货清单(Manifest, M/F)

载货清单又称"舱单",是按卸货港逐票罗列全船实际载运货物的汇总清单。它是在货物装船完毕后,由船公司或其代理人根据大副收据或提单编制,编妥后再送交船长签认。

1. 载货清单的记载事项

载货清单的记载事项主要包括装船货物的明细情况、装货港、卸货港、提单号、船名、航次、托运人和收货人的姓名等。通常,在该单的上方还记有装运船舶的船名及船长名、开航日期等项内容。

2. 载货清单的主要作用

载货清单是国际间通用的一份十分重要的单证。船舶办理进、出口报关手续时,必须递交一份经船长签字确认的载货清单。它是海关对进、出境船舶实施监督管理的重要单证。其作用有以下四个方面:

(1)是船舶办理进、出口报关手续的单证

货物全部装船后开航前,应将由船公司或其在装货港的代理编制的经船长签字的载货清单送海关,据以办理船舶出口报关手续。海关凭此验货放行。船舶装货完毕离港时,还需随带若干份载货清单，以备船舶中途挂港或驶抵卸货港时，办理进口报关手续之用。

(2)船舶载运所列货物的证明

船上实际载运货物应与载货清单上所列一致，货舱内所装货物凡是未如数列入舱单的，将被海关视为走私商品，并依据海关法规进行处理。

(3)计费的依据

载货清单准确无误地记载了计算运费和代理费所需要的资料。因此，它是计收运费和代理费理想的依据。只是由于载货清单须在船舶开航前编制，而计算运费需时较多，在实际业务中，才以载货运费清单代替载货清单作为结算运费和代理费之依据。

(4)业务联系的单证

载货清单的留底，常作为承运人向船长及船公司或其在卸货港的代理人发出更正通知的依据；当承运人在卸货港的代理人尚未收到通过邮递寄出的货运资料时，也可将随船携带的载货清单复制给承运人在卸货港的代理人，用作安排泊位、货物进出库场和卸货准备的依据。

3. 载货清单的种类

可分为出口载货清单(Export M/F)、进口载货清单(Import M/F)和过境货物载货清单(Through Cargo M/F)。

如果船舶在港口未装货出口，在办理出口报关手续时，也要向海关提供一份经船长签字并注明“无货出口”(Export Cargo Nil)字样的载货清单；反之，船舶未载货进口，应向海关提供一份经船长签字并注明“无货进口”(Import Cargo Nil)字样的载货清单。有的港口规定，对在特别指定地点装卸的危险货物，必须单独编制载货清单。

**表 2-6　出口载货清单**

**EXPORT MANIFEST**

船名　　　　航次　　　　船长　　　　从　　　　到

M. V. ________ Voy. ________ Captain ________ From ________ To ________

开航日期　　　　页 数

Sailed ________ Sheet No. ________

| 提单号码<br>B/L No. | 标志和号数<br>Marks & Numbers | 件数及包装<br>No. of Packages | 货 名<br>Description of Goods | 重量公斤<br>Weight Kilos | 收货人<br>Consignees | 备注<br>Remarks |
| --- | --- | --- | --- | --- | --- | --- |
| | | | | | | |

(六)提单(Bill of Lading, B/L)

提单是船公司或其代理人签发给托运人，证明货物已经装上船舶并保证在目的港凭以交付货物的证明。

货物装船完毕后，托运人持经大副签发的收货单到船公司或其在装货港的代理人处交清相关费用，借以换取一份或一式几份已装船提单。有关提单知识，详见本书有关章节的内容。

## 【议一议】装货清单与载货清单的区别

表 2-7　装货清单与载货清单的区别

| 项目 | 装货清单(L/L) | 载货清单(M/F) |
|---|---|---|
| 编制时间不同 | 装船前 | 装船后 |
| 编制依据不同 | 装货单留底联 | 大副收据或提单 |
| 针对的货物不同 | 待运货 | 实载货 |
| 作用不同 | 配载;理货;安排驳运;掌握备货情况 | 船舶进出口报关;计费依据 |
| 船长是否签字 | 否 | 是 |

(七)载货运费清单(Freight Manifest,F/M)

又称运费舱单,是由船公司或其在装货港的代理人根据提单副本编制的与全船实际载运货物及运费有关事项的汇总清单。

载货运费清单的内容除载货清单的记载事项外,还包括运费率、运费额、支付方式(预付或到付)以及提单的批注等。实际业务中,常在编制载货清单时同时编制载货运费清单与载货清单记载事项相同的部分,等船舶开航后,再按照实装货物计算运费,将有关运费的事项记载于载货运费清单中,然后邮递给承运人在卸货港的代理人。因此,当前不少国家的港口,为了简化制单工作,常将"载货清单"和"载货运费清单"两单合并使用。

表 2-8　出口载货运费清单

**EXPORT FREIGHT MANIFEST**

船名　　航次　　船长　　从　　到

M. V. ________Voy. ________　Captain ________From ________ To ________

开航日期　　页 数

Sailed ________　Sheet No. ________

| 提单号码 B/L No. | 标志和号数 Marks & Numbers | 件数及包装 No. of Packages | 货名 Description of Goods | 重量公斤 Weight Kilos | 发货人 Shippers | 收货人 Consignees | 运费吨 Scale Tons | | 运费 Freight | | 备注 Remarks |
|---|---|---|---|---|---|---|---|---|---|---|---|
| | | | | | | | 立方米 Cu. M. | 公吨 Metric Tons | 费率 Rate | 预付 Prepaid | |
| | | | | | | | | | | | |

(八)危险货物清单(Dangerous Cargo List)

危险货物清单是专门列出船舶实际载运全部危险货物的明细表。其记载的内容除装货清单、载货清单所应记载的内容外,特别增加了危险货物的性能和装船位置两项。

为了确保船舶、货物、港口及装卸、运输的安全,包括我国港口在内的世界上很多国家的港口都专门做出规定,凡船舶载运危险货物都必须另行单独编制危险货物清单。

船舶装运危险货物时,按港口规定,船方应向有关部门(我国海事局)申请派员监督装卸。在装船的情况下,按规定装船完毕后,由监管部门发给船方一份"危险货物安全装载证明书"(Dangerous Cargo Safe Stowage Certificate),这是船舶装运危险货物时的必备单证之一。

另外,有些港口对装卸危险货物的地点、泊位,甚至每一航次载运的数量,以及对危险货物的包装、标识等都有所规定。

**表 2-9　危险品清单**

**DANGEROUS CARGO LIST**

船名　　　　航次　　　　从　　　　到　　　　页数

M. V. ________ Voy. ________ From ________ To ________ Sheet No. ________

| 提单号码 B/L No. | 件数及包装 No. of Packages | 货名 Description of Goods | 重量公斤 Weight Kilos | 货物性能 Nature of Goods | 装船位置 Where Stowed | 备注 Remarks |
|---|---|---|---|---|---|---|
| | | | | | | |

(九)分舱单(Hatch List)

分舱单是根据装货单和理货单(Tally Sheet)编制的分舱记载各舱积载的货物种类和数量的分舱载货一览表。它可供卸货港据以制订卸货计划,也可用以确认理货单所记载的舱口号码是否正确。

(十)货物积载图(Stowage Plan)

是以图示的形式来表示货物在船舱内的装载情况,使每一票货物都能形象、具体地显示其在船舱内的位置。

1. 计划积载图

又称货物配载图(Cargo Plan),是承运船舶的大副在开始装货前,按船公司或其代理人提供的装货清单,根据船舶结构、货舱容积、货物性质、重量、尺码以及货物到港顺序,绘制的以标明货物在舱内的计划装舱位置的受载图。其作用包括:

(1)向现场理货和港方指明所装货物的计划装舱位置。

(2)指导各有关方按配载计划的要求接收货物和安排船舶装货作业。

2. 实际积载图

又称货物积载图(Stowage Plan)。在实际装船过程中,往往会因为各种客观原因,无法完全按照计划积载图进行装货,造成货物在舱内的实际积载位置与原来的计划不一致。对原计划的改动原则上都应征得船长或大副的同意。每一票货物装船后,应重新标出货物在舱内的实际装载位置,最后绘制成一份货物积载图。

货物积载图是货物装船完毕后,理货组长按实际装载情况重新绘制的表示货物实际装舱位置的实载图。其作用包括:

(1)船方进行货物运输、保管、照料和卸货工作的必备资料。

(2)卸货港安排卸货作业和现场理货的重要依据。

除上述主要单证外,还使用一些其他单证,如重大件清单、剩余舱位报告、积载检验报告等。

**二、卸货单证**

在卸货港,承运人的代理人收到舱单、货物积载图、分舱单等必要装船单证后向海关办理船舶进口报关手续并做好卸货准备,同时向收货人发出到货通知。在卸货和交付货物过程中,为明确交接责任,通常要签发一些能够证明船方与装卸公司或收货人之间交接货物实际情况的单证。在不同国家和港口所使用的卸货单证名称可能不同,但其内容及作用相同。

（一）过驳清单(Boat Note,B/N)

过驳清单是在卸货港采用驳船作业时采用的,作为证明货物交接和表明所交接货物实际情况并据以划分责任的单证。

1. 过驳清单的记载事项

过驳清单是根据卸货时的理货单编制的,其内容包括:驳船名、货物标志、号码、件数、品名、舱单号、过驳清单编号、卸货日以及货损货差种类、程度等。

过驳清单多在日本及欧洲港口使用,在一些不使用过驳清单的港口,则使用卸货报告。

2. 在使用过驳清单时,应注意以下事项

(1)过驳清单上的批注是否与大副收据上的批注一致;

(2)过驳清单必须由理货组长和大副双方共同签字确认。

（二）卸货报告(Outturn Report)

卸货报告是按照在装货港编制的出口舱单和在卸货港卸下的全部货物重新按票汇总的一份详细的进口载货清单,它比装货港的出口舱单增加了如下项目:卸货方式(是将货物卸岸入库,还是装车或过驳)、实交数量、溢卸数量、残损数量和备注等。对货物的外表状况、溢短等均可在卸货报告备注栏内批注,并经理货组长、装卸公司或货方代表与大副共同签认。

（三）货物残损单(Broken & Damaged Cargo List)

货物残损单是在卸货完毕后,现场理货人员根据卸货过程中发现的货物破损、水湿、水渍、油渍等情况汇总编写的表明货物残损状况的单证。该单证须由理货组长、大副共同签字确认。其作用包括:

1. 是收货人向船公司提出索赔的原始资料和依据;

2. 是船公司处理索赔的原始资料。

大副在签字时必须弄清情况,确属船方责任时,才予以签认。如残损单内所记载残损情况与事实不符,则应将实际情况在残损单内加以批注。对在装货港即已发现并在大副收据中加以批注了的原残,大副可以照签不误。

表 2-10 货物残损单

**BROKEN&DAMAGED CARGO LIST** 编号:

No.

船名: 航次: 泊位: 国籍:

Vessel: Voy: Berthed: Nationality:

开工日期: 年 月 日 制单日期: 年 月 日

Tally Commenced on: Date of List:

| 提单或舱单号<br>B/L or M/F No. | 标志<br>Marks | 货名<br>Description of Goods | 件数<br>Packages | 包装<br>Packing | 残损情况<br>Broken and/or Damage Conditions |
|---|---|---|---|---|---|
| | | | | | |
| | | | | | |
| | | | | | |
| | | | | | |

理货组长: 船长/大副:

Chief Tally: Master/Chief Officer:

(四)货物溢短单(Overlanded & Shortlanded Cargo List)

货物溢短单是当所卸下货物与提单(或舱单)所记载的数字有差异,发生溢卸或短卸,理货公司待该船卸货完毕,理清件数后汇总编制的单证。其作用包括:

1. 船公司处理索赔的原始资料;

2. 向有关港口发出货物查询单的依据。

货物溢短单须经收货人和大副共同签认。如果对溢短数字有争议,大副应代表船方将意见在溢短单上加以批注,然后再签字。

收货单、货物残损单或货物溢短单是证明船方责任起止的重要证据。如果收货单和货物残损单或货物溢短单上的批注一致,则可以证明船方在运输过程中没有给货物造成损害。假如在此以后发现了未经批注的货物损坏情况,除非属于特殊原因,否则所有这些卸货后发现的损坏或灭失都不属于船公司的责任,另有约定的除外。

**表 2-11　货物溢短单**

**OVERLANDED/SHORTLANDED CARGO LIST**　　　　编号:

No.

船名:　　　　航次:　　　　泊位:　　　　国籍:

Vessel:　　　　Voy:　　　　Berth:　　　　Nationality:

开工日期:　　年　　月　　日　　　　制单日期:　　年　　月　　日

Tally Commenced on:　　　　Date of List:

| 提单号<br>B/L No. | 标志<br>Marks | 货名<br>Description of Goods | 舱单记载件数和包装<br>Packages & Packing on Manifest | 溢卸件数和包装<br>Packages & Packing Overlanded | 短卸件数和包装<br>Packages & Packing Shortlanded |
|---|---|---|---|---|---|
| | | | | | |
| | | | | | |
| | | | | | |
| | | | | | |
| | | | | | |
| 总计 Total | | | | | |

理货组长:　　　　　　　　船长/大副:

Chief Tally:　　　　　　　　Master/Chief Officer:

## 【案例讨论】

某轮 1980 年 2 月 14 日从美国长滩港装载 9 266 吨棉花驶往中国秦皇岛,提单上记载 38 912包,批注了“托运人计数并理货,船舶不负货物短少责任”。卸货时理货员出具的货物溢短单上记载短卸件数是 50 包,船长在货物溢短单上批注“货物全部卸完,船上没有遗留”。

讨论:根据题意,以下陈述正确的是:①船方不负货物短少之责,因提单上批注的条款表明船方对货物数量不知;②船方不负货物短少之责,船长在货物溢短单上的批注与提单批注含义相同;③“货物全部卸完,船上没有遗留”的批注不等于货物全部交付,不解除船方应对货物短少的责任,船方应负 50 包短少损失;④本案中提单上的批注无效,因不知条款不适用于可计件的货物。

(五)提货单(Delivery Order,D/O)

提货单是收货人凭正本提单或副本提单随同有效的担保向承运人或其代理人换取的、凭以在仓库或船边提取货物的凭证。

提货单是船公司或其代理人指令码头仓库或装卸公司向收货人交付货物的凭证,不具流通性。提货单上通常标有“禁止流通”(Non-negotiable)字样。签发提货单时应注意:

1. 凭收货人提交的正本提单签发提货单,凭收货人提交的副本提单和有效担保函(一般由银行出具)签发提货单时,应当慎重;

2. 承运人或其代理人详细地核对提单和舱单,将船名、货物名称、件数、重量、标志、提单号、收货人姓名等记载在提货单上并签字确认;

3. 注明到付运费的提单,船方在收取运费后才签发提货单。

**三、理货单证**

理货是随着水上贸易运输的出现而产生的,最早的理货工作就是计数,随后扩展为检查货物残损、指导装船、制作有关单证等。

理货工作的直接服务对象是承运人、托运人和收货人。为了证实托运人(卖方或货物代理人)在装船时货物的数量及完好程度是否与装货单相符,卸货时是否与载货清单相符,以及货物发生残损时的责任划分,承运人在装卸两港作业时都要向当地的理货公司提出申请,要求理货公司作为公证人为其理货以得出公证的数字和结果;收货人申请理货是为了证实卖方是否遵守了贸易合同的条款,以便在运载货物船舶违约及货物发生短少或残损时以理货证明书向责任方进行索赔;托运人申请理货是为了证明自己装船数量的数字和货物装船的完好程度,以便船到目的港卸货时分清自己的责任。

因此,理货单证是反映船舶在港口交接货物过程中数量、状态等实际情况的原始记录,具有凭证和证据的性质。实践中,经常使用以下理货单证:

(一)理货计数单(Tally Sheet)

理货计数单是舱口理货员登记每吊货物实际件数的原始记录,是现场理货最基本的一种单据。理货员要按不同的舱口、层次,对现提、现装、进出库场装卸船的货物分别制作。其作用包括:

1. 是填写装货单、收货单实装件数及核对提单、舱单数字的唯一原始依据;

2. 是编制货物溢短单及理货长编制理货日报单的依据;

3. 是收货人提出溢短索赔和船公司处理赔偿案件的原始证明。

(二)理货日报单(Daily Tally Report)

理货日报单是根据每日各舱口理货计数单而编制的每日装卸进度小结的报表。从表中可以了解各个舱口和全船当天装(卸)的数量(件数、吨数),以及当天以前和连同当天在内的已装(卸)的累计数。因此,理货日报表可提供该船的装卸进度,便于船方和港方准确了解情况,掌握船期,做好各项准备工作。

(三)现场记录(Record on the Spot)

现场记录是记载进出口货物原残、混装和各种现场情况的原始记录,同时也是编制货物残损单的主要依据。它的特点是随时发现,随时记录,随时签认,就地解决,以避免待货物卸毕最后一起签证时可能发生的争执。

（四）待时记录（Standby Time Record）

是指在船舶装卸过程中，由于船方原因，如起货机故障、电源中断等，致使装卸停止和理货人员停工待时时应填写的记录。

（五）重理单（Retally Note）

重理单是根据船方或货方重理的要求，经过复查装卸数字后所提出的理货凭证。

（六）理货证明书（Tally Certificate）

理货证明书是理货结束后，由理货长根据理货作业情况编制的送交船方签认计收理货费的凭证。

**四、班轮运输的货运流程**

杂货班轮运输中，货物由托运人办理托运开始至收货人提取货物为止，各种主要货运单证的流转程序大致如下：

1. 托运人向装货港承运人的代理人提出货物托运申请，填写托运单（B/N）、装货单（S/O）；

2. 装货港承运人的代理人对托运人的申请表示承诺后，签发 S/O；

3. 托运人或其代理人持经装货港承运人的代理人签发的 S/O 向海关办理货物出口报关手续，经海关查验准予出口后，做好备货装船的准备；

4. 托运人或其代理人得到港方通知后，将经过检验和检量的货物送至指定的码头仓库或船边；

5. 装货港承运人的代理人根据 S/O 留底联编制装货清单（L/L），送船舶和港区装卸、理货等单位；

6. 大副根据 L/L 编制货物配载图（C/P），送交装货港装卸、理货等单位；

7. 货物装船后，理货员将 S/O 交给大副，大副签字后留下装货单正本备查，将收货单（M/R）交回理货员，然后由理货公司将 M/R 交给托运人或托运人的代理人；

8. 托运人或其代理人凭 M/R 到装货港承运人的代理人处换取正本提单；

9. 装货港承运人的代理人审核无误后留下 M/R 归档，签发提单（B/L）给托运人；

10. 托运人持 B/L 及其他结汇单据到银行结汇，银行核对无误后收下 B/L，并向托运人垫付货款，然后将 B/L 及其他结汇单据邮寄开证行；

11. 装货港承运人的代理人根据提单副本编制出口载货清单（M/F），向海关办理船舶出口报关手续，并将 M/F 交船随带；

12. 装运港承运人的代理人根据提单副本编制出口载货运费清单（F/M），连同提单副本送船公司，并邮寄或交船带给卸货港承运人的代理人；

13. 卸货港承运人的代理人接到船舶抵达通知后，通知收货人船舶到港日期；

14. 收货人得到开证银行通知后，付款赎单；

15. 卸货港承运人的代理人根据寄来的货运单证，编制进口载货清单等卸货单证，约定装卸公司，联系泊位，做好卸货准备工作；

16. 卸货港承运人的代理人办理船舶进口报关手续；

17. 收货人或其代理人向海关办理进口报关手续；

18. 收货人或其代理人向卸货港承运人的代理人付清应付费用后，以正本 B/L 换取提货单（D/O）；

19. 收货人持 D/O 到码头仓库或船边提取货物。

# 项目三　集装箱班轮运输业务

【项目介绍】

集装箱班轮运输的优越性在很大程度上克服了传统杂货班轮运输所存在的各种缺陷,其最大的成功在于它的标准化改变了传统杂货运输的货运单位,促进了全球物流系统的有效整合。本部分内容是让同学们了解集装箱及其类型、集装箱运输的基本概念、主要的国际集装箱船运输航线,掌握集装箱的装箱方式及交接方式,了解集装箱运输中涉及的主要货运单证。

## 任务3-1　了解集装箱班轮运输的基本概念

【任务分析】

集装箱运输是将货物装在集装箱内,以集装箱作为一个货物集合(成组)单元,进行装卸、运输(包括海洋运输、铁路运输、公路运输、航空运输以及这几种运输方式的联合运输)的运输组织形式,具有运输效率高、经济效益好及服务质量优的特点。本任务要求同学们能了解集装箱的定义、尺寸、种类,认识集装箱运输的优点,了解集装箱运输中的关系人及目前国际集装箱运输的主要航线。

【相关知识】

### 一、集装箱的定义

集装箱(Container),又称货箱或货柜。有关集装箱的定义,国际上不同国家、地区和组织的表述有所不同。许多国家目前采用国际标准化组织(ISO)对集装箱的定义,即集装箱是一种运输设备,应满足以下基本条件:具有耐久性,其坚固强度足以反复使用;适用一种或多种运输方式,在途中转运时箱内货物不需换装;设有便于装卸和搬运的装置,特别是便于从一种运输方式转移到另一种运输方式;便于货物装满或卸空;内容积为 1 $m^3$ 或以上。

目前,日本、美国、法国等世界有关国家都全面地引进了 ISO 的定义。除了 ISO 的定义外,还有《集装箱海关公约》(CCC)、《国际集装箱安全公约》(CSC)、英国国家标准和北美太平洋班轮公会等对集装箱下的定义,内容基本上大同小异。我国国家标准 GB1992—85《集装箱名称术语》中,引用了 ISO 的定义。

### 二、集装箱的尺寸

#### (一)集装箱外尺寸

集装箱外尺寸是指包括集装箱永久性附件在内的集装箱外部最大的长、宽、高尺寸。它是确定集装箱能否在船舶、底盘车、货车、铁路车辆之间进行换装的主要参数,是各运输部门必须掌握的一项重要技术资料。

（二）集装箱内尺寸

集装箱内尺寸是指集装箱内部的最大长、宽、高尺寸。高度为箱底板面至箱顶板最下面的距离，宽度为两内侧衬板之间的距离，长度为箱门内侧板量至端壁内衬板之间的距离。它决定集装箱内容积和箱内货物的最大尺寸。

（三）集装箱内容积

集装箱内容积是指按集装箱内尺寸计算的装货容积。同一规格的集装箱，由于结构和制造材料的不同，其内容积略有差异。

（四）集装箱计算单位

集装箱计算单位又称 20 英尺换算单位（Twenty-feet Equivalent Unit，TEU），是以长度为 20 英尺的集装箱为国际计量单位，是计算集装箱箱数的换算单位。通常用来表示船舶装载集装箱的能力，也是集装箱和港口吞吐量的重要统计、换算单位。目前各国大部分集装箱运输，都采用 20 英尺和 40 英尺长的两种集装箱。为使集装箱箱数计算统一化，把 20 英尺集装箱作为一个计算单位，40 尺集装箱作为两个计算单位，以利统一计算集装箱的营运量。

**三、集装箱的种类**

按集装箱的用途不同，可分为以下 11 种：

（一）普通集装箱（Dry Container）

又称干货集装箱或通用集装箱，以装运件杂货为主，通常用来装运文化用品、日用百货、医药、纺织品、工艺品、化工制品、五金交电、电子机械、仪器及机器零件等。这种集装箱的数量在所有集装箱中最多。

（二）冷藏集装箱（Reefer Container）

冷藏集装箱是具有良好隔热性、气密性，且能维持一定低温要求，专为运输要求保持一定温度的冷冻货或低温货而设计的集装箱。温度可在 －28℃ ～ ＋26℃之间调整。是适用于鱼虾、肉类、水果、蔬菜等各类易腐食品的运送、贮存的特殊集装箱。目前国际上采用的冷藏集装箱主要有以下两种：

1. 机械式冷藏集装箱

又称内置式冷藏集装箱，这种集装箱箱内自带制冷装置，由船上或陆上电源供电，或自备发电机供制冷装置运行使用，在运输过程中可随意启动冷冻机，使集装箱内保持指定温度。

2. 离合式冷藏集装箱

又称外置式冷藏集装箱，这种集装箱箱内没有冷冻机而只有隔热设备，集装箱的端壁上设有进气孔和出气孔，依靠集装箱专用车、船和专用堆场、车站上配备的冷冻装置供应冷气。

（三）敞顶集装箱（Open Top Container）

这种集装箱没有箱顶，可用起重机从箱顶上面装卸货物，装运时用防水布覆盖顶部，其水密要求和干货箱一样。适合装载体积高大的物体，如玻璃板等。

（四）框架集装箱（Flat Rack Container）

没有箱顶和两侧，其特点是从集装箱侧面进行装卸。以超重货物为主要运载对象，还便于装载牲畜以及诸如钢材之类可以免除外包装的裸装货。

（五）牲畜集装箱（Pen Container）

这种箱子侧面采用金属网，通风条件良好，而且便于喂食。是专为装运牛、马等活动物而制造的特殊集装箱。

(六)罐式集装箱(Tank Container)

又称液体集装箱,是为运输食品、药品、化工品等液体货物而制造的特殊集装箱。其结构是在一个金属框架内固定一个液罐。

(七)平台集装箱(Platform Container)

形状类似铁路平板车,适宜装超重超长货物,长度可达6米以上,宽4米以上,高5米左右,重量可达40公吨。且两台平台集装箱可以联结起来,装80公吨的货,用这种箱子装运汽车极为方便。

(八)通风集装箱(Ventilated Container)

箱壁有通风孔,内壁有塑料涂层,适宜装新鲜蔬菜和水果等怕热、怕闷的货物。

(九)保温集装箱(Insulated Container)

箱内有隔热层,箱顶又有能调节角度的进出风口,可利用外界空气和风向来调节箱内温度,紧闭时能在一定时间内不受外界气温影响。适宜装运对温、湿度敏感的货物。

(十)散装货集装箱(Bulk Container)

一般在顶部设有2~3个小舱口,以便装货。底部有升降架,可升高成40°的倾斜角,以便卸货。这种箱子适宜装粮食、水泥等散货。如要进行植物检疫,还可在箱内熏舱蒸洗。

(十一)挂式集装箱(Dress Hanger Container)

适合于装运服装类商品的集装箱。

**四、集装箱运输的关系人**

为了适应国际集装箱运输业务的开展,一些与集装箱有关的新的运输机构随之产生。它们在整个集装箱运输过程中,起着各自不同的作用,形成一套适应集装箱运输特点的运输体系。集装箱运输的关系人主要包括:

(一)集装箱班轮公司

从事集装箱运输的船公司是完成集装箱海上与内河航运任务的主角,其在规划航线之初通常以公司的货运量、竞争条件、货物流向、种类、每批货物的数量及重量、货物的容积比例等为基础,慎重选择集装箱的种类、规格和数量,最适合的船型及船舶数,以及集装箱码头、中转站和配套设施等。

(二)无船承运人

是指在集装箱运输中,经营集装箱货运的揽货、装箱、拆箱、内陆运输及经营中转站或内陆站业务,但不经营船舶的承运人。它是随着集装箱多式联运的发展而出现的联运经营人,在承运人与托运人之间起着中间桥梁的作用。

(三)集装箱租赁公司

集装箱租赁公司是随着集装箱运输发展而产生的另一种新行业,通过购置一定数量的集装箱,专门从事集装箱的租赁业务,包括出租、回收、存放、保管以及维修等,专门满足货主与船公司对集装箱空箱租赁的需求。集装箱的租赁方式主要有以下3种:

1.期租

(1)长期租赁

一般对集装箱有一段较长的租用期限时,采用长期租赁方式。其又可分为金融租赁与按实际使用期租赁两种方式。前者指租箱人在使用期届满后买下所租用的箱子,后者指租箱人在使用期届满后将箱子退还给集装箱出租公司。

长期租赁对租箱人和出租公司都有好处,租金也比较低。

(2)短期租赁

是根据所需使用的期限来租用集装箱,时间比较短。同长期租赁比较,短期租赁较灵活,租箱人可根据自己需要的时间、地点来确定租用期限,但租金比较高。

2. 程租

(1)单程租赁

多用于同一条航线上来回程货源不平衡的情况,即从起运港至目的港单程使用集装箱。通常租箱人除支付租金外,有时还要支付提箱费和还箱费。比如:集装箱使用人从租赁市场行情好的地方租用至行情差的地方,租箱人就须支付提箱费、还箱费;反之,则不支付或仅少量支付这部分费用。

(2)来回程租赁

通常用于来回程有较平衡货运量的航线。该种租赁方式租期不受限制,在租赁期间,租箱人有较大的自由使用权,不局限于一个单纯的来回程。这种租赁方式对还箱地点有严格的限制。

3. 灵活租赁

集装箱的灵活租赁方式在费用上类似长期租赁,在使用上与短期租赁相似,可灵活使用。这种租赁方式租期通常为一年。在大量租用箱子时,租金有回扣,其租金近乎与长期租赁一样便宜。在集装箱货运量大、经营航线较多且来回程货运量不平衡的情况下,采用这种租赁方式能比较容易适应变化,是一种很有价值的租赁方式。

灵活租赁合同中,一般都规定租箱人每月提箱、还箱数量及地点,租金按集装箱使用天数计算,以及有关租箱人使用出租公司设备的规定等。

(四)集装箱码头经营人

是具体办理集装箱在码头的装卸、交接、保管的部门,它受托运人或其代理人以及承运人或其代理人的委托提供各种集装箱运输服务。

(五)联运保赔协会

联运保赔协会(Through Transport Mutual Insurance Association,TT Club),1968年在伦敦成立,是集装箱运输发展后所产生的一种由船公司互保的保险组织,由英国三大保赔协会(即联合王国保赔协会、西英格兰保赔协会和标准保赔协会)组成,对集装箱运输可能遭受的一切责任、损害、费用等进行全面统一的保险。参加该会的主要成员,一是利用集装箱进行海上货物运输的承运人,二是海运以外的陆运、空运、沿海或内河的集装箱承运人。

**五、集装箱运输的优点**

(一)提高装卸效率,加速车船周转

单件货物集中成组装卸,减少了原有单件货物装卸运输的多次重复作业。通过使用专门的大型装卸机械和自动化作业提高了船舶的装卸效率,节省了装卸时间,减轻了劳动强度,也提高了船舶的周转率。

(二)提高货运质量,减少货损货差

集装箱运输是保证货运质量、简化货物包装的安全节省的运输方式。集装箱具有坚固密封的箱体,不易发生盗窃事故,且足以防止恶劣天气对箱内货物的侵袭,因而货物破损事故大为减少。由于货物交接按整箱办理,便于理货,也减少了货差。

(三)节省包装费用,降低运输成本

因集装箱的高强度使得货物本身的包装除了按规格要求的标准外,从强度上可以降低要求,从而节省包装材料和费用。在开展集装箱"门到门"运输中,也可以减少承运人、托运人之间的交接手续。

(四)便于货物多式联运

集装箱运输是最适于组织多式联运的运输方式,集装箱作为运输单元,由一种运输方式转换到另一种运输方式进行联合运输时,无需搬移箱内货物,简化和加快了换装作业。

集装箱具有坚固、密封的特点,口岸监管单位可以加封和验封转关放行。因此,集装箱能把海运和内陆的铁路、公路、水路等多种运输方式以及与进出口业务有关的口岸监管工作联合起来进行一体化的多式联运,从而可大大提高运输服务质量。

为了方便货主及保证货物运输安全,集装箱运输经营者强调一体化的运输服务,托运人只需一次托运、一次交费,即可获得全程负责的"门到门"运输服务。

**六、国际集装箱运输的主要航线**

世界上规模最大的三条国际集装箱运输航线是远东—北美航线,远东—欧洲、地中海航线,北美—欧洲、地中海航线。这三条航线将当今全世界人口最稠密、经济最发达的三个板块北美、欧洲和远东联系了起来,三大航线的集装箱运量占世界集装箱水路运量的50%以上。

(一)远东—北美航线

远东—北美航线也称泛太平洋航线,它又可分为以下两条航线:

1. 远东—北美西岸航线

这一航线涉及的国家和地区包括亚洲的中国、日本、韩国、中国香港和中国台湾地区以及北美的美国和加拿大西海岸地区。近年来,这条航线的集装箱运量越来越大,目前仅上海来往于美国西海岸的集装箱班轮航线就多达40多条,北美西海岸的主要集装箱港口有温哥华、洛杉矶、长滩、西雅图、塔克马、奥克兰等。

2. 远东—北美东海岸航线

在这条航线上,有的船公司开展的是"钟摆式"航运,即不断往返于远东与北美东海岸之间;有的则是经营环球航线,即从东亚出发,东行线为:太平洋→巴拿马运河→大西洋→地中海→苏伊士运河→印度洋→太平洋;西行线则反向而行。这一航线涉及的北美东海岸主要集装箱港口有蒙特利尔、纽约—新泽西、查尔斯顿、迈阿密、休斯敦和新奥尔良等。

(二)远东—欧洲、地中海航线

远东—欧洲、地中海航线也称为欧地航线,它又可分为以下两条航线:

1. 远东—欧洲航线

这条航线将中国、日本、韩国和东南亚的许多国家与欧洲联系起来,贸易量与货运量十分庞大。在欧洲地区涉及的主要港口有荷兰的鹿特丹,德国的汉堡、不来梅,比利时的安特卫普,英国的南安普顿、费利克斯托等。与这条航线配合的,还有西伯利亚大陆桥、新欧亚大陆桥等欧亚之间的大陆桥集装箱多式联运。

2. 远东—地中海航线

这条航线由远东,经过地中海,到达欧洲。与这条航线相关的欧洲港口主要有西班牙的阿尔赫西拉斯、巴塞罗那、瓦伦西亚,意大利的焦亚陶罗、热那亚,法国的马赛,希腊的比雷埃夫斯和埃及的塞得港。

（三）北美—欧洲、地中海航线

北美—欧洲、地中海航线也称跨大西洋航线，实际由三条航线组成，分别为北美东海岸、海湾—欧洲航线，北美东海岸、海湾—地中海航线，北美西海岸—欧洲、地中海航线。这一航线将世界上最发达的两个区域联系起来，世界各大船公司在这一航线上集装箱水路运输方面的竞争最为激烈。

## 任务3－2　掌握集装箱货物的装箱方式与交接方式

### 【任务分析】

参加海上国际集装箱运输的企业，应对各自掌管期间内的集装箱和集装箱货物负责，加强各环节的管理，明确交接责任。随着集装箱运输的发展，特别是国际多式联运的发展，集装箱运输已突破了海运区段的范围而向两岸大陆延伸，因而出现了集装箱运输特有的交接方式。本任务要求同学们掌握集装箱的装箱方式与交接方式。

### 【相关知识】

**一、集装箱货物的装箱方式**

在集装箱货物的流通过程中，根据集装箱货物的装箱数量和集散方式的不同，可分为整箱货和拼箱货两种，两者的流转程序是不同的。

（一）整箱货（Full Container Load，FCL）

指货方自行将货物装满整箱以后，以一个集装箱为单位交运的集装箱货物。整箱货通常只有一个托运人和一个收货人。整箱货的拆箱，通常由收货人办理。

在货主有足够货源装载一个或数个整箱时通常采用整箱装箱方式，除了某些大货主自己备有集装箱外，一般都是托运人向承运人或集装箱租赁公司租用集装箱。

空箱运到托运人自己的工厂或仓库后，由托运人自行装箱，海关人员在装箱现场进行监督，货物装妥并办理货物出口报关手续且经海关检验后，对集装箱加锁、施加铅封后，交承运人并取得站场收据，最后凭收据换取提单或海运单。

（二）拼箱货（Less than Container Load，LCL）

指由承运人或其代理人将分属不同货主的同一目的地的单件货物分类整理后，集中适当批量装入集装箱内，经海关检验并对集装箱施加铅封后予以运输的货物。拼箱货的分类、整理、集中、装箱、拆箱和交付等工作均在码头集装箱货运站或内陆站进行，承运人和货方对拼箱货的交接以集装箱货运站或内陆站为界。

**二、集装箱货物的交接地点**

（一）发货人或收货人的工厂或仓库（Door）

发货人或收货人自行负责在其工厂或仓库装箱或拆箱，工厂或仓库交接的货物都是整箱货。

（二）集装箱堆场（Container Yard，CY）

堆场是指集装箱码头内，所有堆存集装箱的场地。根据所处位置和用途的不同，可将堆场分为集装箱前方堆场（Marshalling Yard）和集装箱后方堆场（Container Yard）。

集装箱前方堆场,又称出口箱区、临时堆场、过渡堆场、编排场、调度场等。它位于集装箱码头的前方,是为加速船舶装卸作业临时堆放集装箱的场地。准备装船出口的集装箱在此按装船次序进行编排,卸船的进口集装箱在此临时堆存。

集装箱后方堆场是集装箱装卸区的组成部分,是储存、保管和交接空箱、重箱的场所。它是船公司或其代理人调集、贮存集装箱,船公司接收重箱、货主提取空箱及收货人提取重箱和拆箱后退回空箱的场所。

在集装箱堆场交接的货物都是整箱货。

(三)集装箱货运站(Container Freight Station,CFS)

集装箱货运站是为拼箱货装箱和拆箱的船、货双方办理交接的场所。它办理拼箱货的交接、配箱积载后,将集装箱送往集装箱堆场,并接收集装箱堆场交来的进口重箱,对其进行拆箱、理货、保管,最后拨给各收货人。

在集装箱货运站交接的货物都是拼箱货。

在集装箱运输中,整箱货与拼箱货的流通途径大致相同,所不同的只是集装箱货物实际交接地点的不同。由于承运人对集装箱货物的责任期间是从接收到交付,因此交接地点决定了承运人与货方划分责任、风险和费用的方式。

**三、集装箱货物的交接方式**

整箱货和拼箱货在承运人与货主的交接方式上有所不同,当前国际上主要有以下四类集装箱货物交接方式:

(一)整箱接收,整箱交付(FCL/FCL)

货主在工厂或仓库把装货后的整箱交给承运人,收货人在目的地同样以整箱接货,换言之,承运人以整箱为单位负责交接。货物的装箱和拆箱均由货方负责。

1. 门到门(Door to Door)

托运人在工厂或仓库将由它负责装箱并经海关铅封的集装箱交承运人验收,承运人接收整箱货后把重箱送到集装箱堆场等待装船;在目的港,承运人负责将货物运至收货人的工厂或仓库。

2. 门到场(Door to CY)

承运人在发货人的工厂、仓库接收由发货人装箱并经海关铅封的集装箱,负责将货物运抵目的港集装箱码头的集装箱堆场,在集装箱堆场将整箱货交给收货人。这种交接方式表示承运人不负责由目的港堆场运至收货人的工厂或仓库的内陆运输。

3. 场到门(CY to Door)

承运人在装货港的集装箱堆场接收由发货人装箱并经海关铅封的整箱货,负责货物运抵目的港收货人的工厂或仓库整箱交货。

4. 场到场(CY to CY)

承运人在装货港的集装箱堆场接收由发货人装箱并经海关铅封的整箱货,负责将货物运抵目的港的集装箱堆场。

(二)拼箱接收、拆箱交付(LCL/LCL)

货主将不足整箱的小票托运货物在集装箱货运站或内陆转运站交给承运人,由承运人负责拼箱、装箱并运到目的地货运站或内陆转运站,由承运人负责拆箱后,收货人凭单接货。承运人以拼箱形态交接货物,负责货物的装箱和拆箱。

实践中，拼箱货的最典型交接方式是站到站（CFS to CFS）方式。它是指发货人将货物运至承运人指定的集装箱货运站按件交货，集装箱货运站负责将分属不同托运人和收货人但目的港或目的地相同的货物进行拼装后，经海关铅封，送交起运港集装箱堆场装船，由承运人将货物运抵目的港的集装箱货运站拆箱，各收货人分别提取货物的货物交接方式。

（三）整箱接收，拆箱交付（FCL/LCL）

货主在工厂或仓库把装货后的整箱交给承运人，在目的地的集装箱货运站或内陆转运站由承运人负责拆箱后，各收货人凭单接货。承运人是以整箱形态接收货物，以拼箱形态交付货物。由于承运人接收的是已经装入箱内并加铅封的货物，这种交接方式可能会加重承运人按件对货物完好交付的责任，在实践中应谨慎使用。

1. 门到站（Door to CFS）

承运人在发货人的工厂、仓库接收由发货人装箱并经海关铅封的整箱货，负责将货物运至目的港的集装箱货运站拆箱后，按件向不同的收货人交付货物的方式。

2. 场到站（CY to CFS）

承运人在装货港的集装箱堆场接收由发货人装箱并经海关铅封的整箱货，负责将货物运至目的港的集装箱货运站拆箱后，按件向不同的收货人交付货物的方式。

（四）拼箱接收，整箱交付（LCL/FCL）

货主将不足整箱的小票货物在集装箱货运站或内陆转运站交给承运人。由承运人分类调整，把同一收货人的货集中拼装成整箱，运到目的地后，承运人以整箱交付，收货人以整箱接收。承运人是以拼箱形态接收货物，以整箱形态交付货物。

1. 站到场（CFS to CY）

发货人将货物运至承运人指定的集装箱货运站按件交货，在集装箱货运站拼箱后，由承运人将货物运抵目的港集装箱堆场的货物交接方式。

2. 站到门（CFS to Door）

发货人将货物运至承运人指定的集装箱货运站按件交货，在集装箱货运站拼箱后，由承运人将货物运抵目的港收货人的工厂或仓库以整箱交货的交接方式。

上述各种交接方式中，以整箱交、整箱接效果最好，也最能发挥集装箱的优越性。我国应用最多的交接方式是 CY to CY。

## 任务 3－3　了解集装箱运输的主要货运单证

**【任务分析】**

集装箱货物进出口业务中，除采用与传统的散杂货运输中相同的商务单证外，根据集装箱运输的特点，通常还采用空箱提交单、设备交接单、集装箱装箱单、场站收据、提货通知书、到货通知书、交货记录等。本任务要求同学们了解上述单证的基本概念、主要作用。

## 【相关知识】

### 一、集装箱出口货运业务中的主要单证

#### (一)空箱提交单(Equipment Despatch Order)

空箱提交单又称集装箱发放通知单(Container Release Order),俗称提箱单,是船公司或其代理人指示集装箱堆场将空集装箱及其他设备提交给本单持有人的书面凭证。

在集装箱运输中,发货人如使用船公司的集装箱,并为了要把预定的货物装在箱内,就要向集装箱堆场或空箱储存场租借空箱,通常是由船公司提供空集装箱,借给发货人或集装箱货运站。在这种情况下,船公司或其代理人要对集装箱堆场或空箱储存场发出交箱指示,但是由于空集装箱是一个售价较高的设备,因此不能只靠简单的口头指示,还要向发货人或其代理人提交空箱提交单,集装箱堆场或空箱储存场只对持有本单证的人提交空集装箱,以确保交接安全。

空箱提交单一式三份,由船公司或其代理人签发,除自留一联备查外,发货人或集装箱货运站和存箱的集装箱堆场或空箱储存场各执一联。

#### (二)集装箱设备交接单(Equipment Interchange Receipt)

简称设备交接单(Equipment Receipt,E/R),是集装箱进出港区、场站时,用箱人与箱管单位或其代理人之间交接集装箱及其机械设备的凭证。其上主要记载集装箱箱体、状态、封志、危品类别等状况,以便作为发生箱损责任及费用划分的依据。

1. 集装箱流转过程中的有关单位

(1)箱管单位

指集装箱所有人。

(2)用箱人

指货方或货方代理人,或与箱管单位签订集装箱使用合同的责任方。

(3)运箱人

指接受货方或货方代理人以及其他委托方委托的内陆承运人。

2. 设备交接单的作用

(1)是箱管单位发放、收回集装箱以及用箱人提取、还回集装箱的凭证;

(2)是记载箱体及其附属设备交接时状态的凭证;

(3)是箱管单位、用箱人/运箱人及码头(场、站)经营人相互之间集装箱设备交接的凭证和划分双方责任、义务和权利的依据。

3. 设备交接单的种类

设备交接单由箱管单位提供,分为进场设备交接单和出场设备交接单,各有三联,分别为箱管单位留底联,码头、堆场联,用箱人、运箱人联。各联采用不同颜色,以示区别。此单证通常由箱管单位(租箱公司或代理人、船公司或其他类型的集装箱经营人等)签发给用箱人,用箱人据此向场站领取或送还集装箱及设备。

各类箱管单位一般都印有自己的设备交接单,其内容大同小异。其背面印有划分箱管单位和用箱人关于使用或租用集装箱的责任的条款,主要包括使用集装箱期间的费用、集装箱损坏或丢失时的责任划分、对第三者造成损害时的赔偿责任等内容。

(三)集装箱装箱单(Container Load Plan)

简称装箱单,是详细记载每一个集装箱内所装货物名称、数量、尺码、重量、标志和箱内货物积载情况的单证。它列明了信用证(或合同)中买卖双方约定的有关包装事宜的细节,便于国外买方在货物到达目的港时供海关检查和核对货物,通常可以将其有关内容加列在商业发票上。

1. 装箱单的作用

装箱单以箱为单位,由装箱人编制并经其签署后生效。它是集装箱运输的辅助货物舱单,其用途很广,主要用途有以下几方面:

(1)发货人向承运人提供集装箱内所装货物的明细清单;

(2)在装箱地向海关申报货物出口的单据,也是集装箱船舶进出口报关时向海关提交的载货清单的补充资料;

(3)发货人、集装箱货运站与集装箱码头之间的货物交接单;

(4)集装箱装、卸两港编制装、卸船计划的依据;

(5)集装箱船舶计算船舶吃水和稳性的基本数据来源;

(6)在卸箱地作为办理集装箱保税运输手续和拆箱作业的重要单证;

(7)当发生货损时,是处理索赔事故的原始依据之一。

2. 装箱单的编制

无论是由货主自行装箱的整箱货,还是由集装箱货运站负责装箱的拼箱货,负责装箱的人都要制作装箱单。集装箱装箱单是详细记载每一个集装箱内所装货物详细情况的唯一单据,其内容记载的准确与否,对保证集装箱货物的安全运输有着密切的关系。

(四)场站收据(Dock Receipt,D/R)

又称港站收据或码头收据,是指船公司委托集装箱堆场、集装箱货运站或内陆站在收到整箱货或拼箱货后,签发给托运人证明已收到货物,托运人可凭以换取提单或其他多式联运单证的收据。

场站收据是一份综合性单证,相当于传统的托运单、装货单、收货单等一整套单据。通常由托运人或其代理人编制,然后交承运人或其代理人确认订舱。在承运人委托码头堆场、集装箱货运站收到整箱货或拼箱货后签发生效,托运人或其代理人可凭场站收据向承运人或其代理人换取已装船提单或收货待运提单。

场站收据通常有十联(有的口岸有七联)。集装箱货物托运单二联:第一联,货主留底,第二联,船代留底;运费通知二联:第三联运费通知(1)和第四联运费通知(2);第五联,装货单,即场站收据副本(1),包括缴纳出口港务费申请书附页;第六联,大副联,即场站收据副本(2);第七联,场站收据正本;第八联,货代留底;第九联、第十联,配舱回单(1)和(2)。

**【想一想】场站收据与大副收据的类似之处及不同**

类似之处:两者都表明承运人已收到托运人或其代理人交来的指定货物,即从签发时起就意味着风险已由托运人转移给承运人。两者都是托运人或其代理人向承运人换取提单的凭证。

不同之处:集装箱货物运输承运人或其代理人委托场站签发场站收据,意味着承运人的责任风险由传统班轮运输中的“装上船”延伸到场站。

## 二、集装箱进口货运的主要单证

### (一)提货通知书(Delivery Notice)

提货通知书是船公司在卸货港的代理人向收货人或通知人(往往是收货人的货运代理人)发出的船舶预计到港时间的通知。它是船公司在卸货港的代理人根据掌握的船舶动态和装箱港的代理人寄来的提单副本或其他货运单证、资料编制的。

船公司在卸货港的代理人向收货人或通知人发出提货通知书的目的在于要求收货人事先做好提货准备,以便集装箱货物抵港后能尽快疏运出港,避免货物在港口、堆场积压,使集装箱堆场能更充分地发挥其中转、换装作用,使集装箱更快地周转,从而得到更充分的利用。

提货通知书只是船公司或其代理人为使货运程序能顺利进行而发出的单证,对于这个通知发出得是否及时,以及收货人或其代理人是否能收到,作为承运人的船公司并不承担责任,也就是说,承运人并不对此通知承担责任风险。作为进口商的货运代理人,为了保证进口货物代理的服务质量,也应主动与船公司的代理人联系,及早获取进口货物提货通知书,便于提前做好接卸进口货物的准备。

### (二)交货记录(Delivery Record)

1.交货记录的组成与签发

交货记录由五联组成,其中包括:到货通知书一联,提货单一联,费用账单二联,交货记录一联。

交货记录是在签发提货单的当时交给收货人或其代理人,再出示给集装箱货运站或集装箱堆场经营人。

作为船公司代理人的集装箱货运站或集装箱堆场的经营人在向收货人或其代理人交货时,要检查货物的件数和外表状态,如有损坏或灭失等情况时,应把损害的内容记载在摘要栏内,双方签字后完成交接手续。交货记录是证明集装箱船公司责任终止的单据。

2.交货记录其他各单联的作用

(1)到货通知书(Arrival Notice)

到货通知书是在卸货港的船公司或其代理人在集装箱卸入集装箱堆场,或移至集装箱货运站,并办好交接准备后,用书面向收货人发出的要求收货人及时提取货物的书面通知。

(2)提货单(Delivery Order)

提货单是收货人凭正本提单向承运人或其代理人换取的,可向负责保管货物的集装箱货运站或集装箱堆场的经营人提取货物的非流通性单据,也是承运人或其代理人指示场站放箱交货的通知。

(3)费用账单

费用账单是场站凭此向收货人结算费用的单据。其主要内容包括:收货人名称、地址、开户银行与账号、船名、航次、起运港、目的港、提单号、交付条款、到付海运费、卸货地点、到达日期、进库场日期、第一程运输、标记与集装箱号、货名、集装箱数、件数、重量、体积、费用名称、港务费、港建费、堆存费、装卸费、其他费用、费用合计等栏目;还有计费吨、单价、金额;另外有收货人章、收款单位财务章,港区场站受理章、核算章、复核章,开单日期等。

(4)交货记录

交货记录是集装箱堆场或集装箱货运站在向收货人交付货物时,双方共同签署的,据以证明双方间已进行货物交接和载明货物交接状态的单证。

## 三、特殊货物清单

在集装箱内装运危险货物、动物、植物以及冷冻货等特殊货物时，托运人应事先向船公司或其代理人提交相应的危险货物清单、动物货清单、植物货清单和冷冻(藏)货集装箱清单。

### (一)危险货物清单(Dangerous Cargo List)

危险货物的托运人在装运危险货物时，必须根据有关危险货物运输和保管的规章，如《国际危规》，事先向船公司或其代理人提交危险货物清单。

危险货物清单一般须记载以下一些主要内容：船名、航次、船籍、装货港、卸货港、提单号、货名、国际危规类别、标志、页号、联合国编号、件数及包装、货重、集装箱号、铅封号、运输方式和装船位置等。

为了安排危险货物在集装箱堆场的堆存位置和装船的需要，托运人在将危险货物移入集装箱堆场和货运站时，都须提交危险货物清单，由堆场经营人汇总交船方。

此外，所有危险货物都必须粘贴规定的危险品标志，内装危险货物的集装箱也必须有规定的危险品标志。

### (二)冷藏集装箱清单(List of Reefer Container)

冷藏集装箱清单是装载冷冻货物或冷藏货物的冷藏集装箱的汇总清单。冷藏集装箱清单由货运代理人或装箱人缮制。它记载的内容主要包括：船名、航次、船籍、装货港、开航日期、卸货港、集装箱号码、铅封号、规格、提单号、货物名称、货物重量、箱重、总重、要求温度等。

托运人在托运冷冻货物或冷藏货物时，都要求承运人和集装箱堆场在运输和保管过程中，将冷藏箱的箱内温度保持在一定范围内。为了要尽到这种义务，承运人或集装箱堆场要求托运人或其代理人提供冷藏集装箱清单，而承运人或其代理人对于这些货物要按箱明确货物名称和指定的温度范围，以引起船舶和卸货港的充分注意。

### (三)动物货清单(Zoological Cargo List)和植物货清单(Botanical Cargo List)

关于动物及其尸体、骨、肉、皮、毛和装载这些货物的容器和包装等；关于植物、种子、新鲜水果和装载这些货物的容器和包装等货物的进口，根据进出境动植物检疫法，需要由动植物检疫机构检查和批准方可进出口。

这些检查和进出口是由收、发货人或其代理人来申请办理的，但船公司或其代理人必须在船舶卸货以前，按接受检疫的货物和集装箱，分别编制动物货清单、植物货清单提交给检疫机构。若不单独编制这种清单，也可用单独的舱单来代替。

## 【拓展知识】集装箱运输进出口货运程序

一、集装箱出口货运程序

(一)订舱或托运

托运人或其委托的货运代理人应根据贸易合同或信用证条款的规定，在正式办理托运手续之前，选定班期适当的船舶，填制订舱单或托运单，向船公司、其代理人，或其他运输方式经营人申请订舱或托运。

(二)承运

承运是船公司或其代理人对订舱或托运要求的书面确认。托运人递交其填制的订舱单或托运单，经船公司或其代理人确认后，即成为船、货双方的订舱凭证。表明了承运人接受订舱并承运货物，同时根据订舱单编制订舱清单，并分送集装箱堆场和集装箱货运站，以便安排空箱的发放和重箱的交接、保管以及装船。

(三)发放空箱

集装箱通常由船公司无偿借给托运人或集装箱货运站使用。整箱货的空箱由托运人或货运代理人到集装箱堆场或内陆集装箱站领取,拼箱货的空箱则由集装箱货运站负责领取。提箱时,提箱人必须提交空箱发放单。在堆场或箱站的检查桥或门卫处,双方在集装箱设备交接单上签字办理空箱交接。

(四)报验、报关

托运人或其货运代理人依照国家有关法规并根据商品特性,在规定的期限之内填好申报单,分别向商检、卫检、动植检等口岸监管检验部门申报检验。经监管检验部门审核或查验,视不同情况分别予以免检放行,或经查验、处理后出具有关证书放行。如果托运危险品,还需凭危险品清单、危险品性能说明书、危险品包装证书、危险品装箱说明书、危险品准装申报单等文件向海事局或相关的部门办理申报手续。

出口货物的报关,是由托运人或货运代理人将货物运到海关指定地,向海关申报,由海关加以认可。申报时要向海关递交出口许可证和出口申报单、出口商品检验证、商业发票、装箱单、产地证明书等相关单证。海关将单证同实物核对无误,就在出口申报单上加盖出口准许章,货物就可出口。

(五)货物装箱

报关完毕后,在整箱货情况下托运人即可装箱,并在装箱后将重箱运至集装箱堆场。托运人将出口许可证、装箱单、场站收据一起提交给集装箱堆场经营人。

拼箱货经报关后运至集装箱货运站,经与场站收据核实并检查货物数量和状态后,在海关监管下由货运站将货物拼装于箱内。然后,货运站连同编制好的装箱单一起交给集装箱堆场经营人。

(六)整箱货的交接和签收

无论是托运人自行装箱的整箱货物,还是由集装箱货运站拼装的整箱货物,最终都要送到集装箱堆场等待装船。集装箱堆场在验收货箱后,接收集装箱并在场站收据上签字,将签署的场站收据交还给托运人。

(七)换取提单

集装箱堆场签发场站收据以后,将装货单联留下做费用结算和今后查询,而将大副收据联交理货人员送船上大副留存。托运人收到经集装箱堆场签署的场站收据正本后,即可到船公司或其代理人处,交付预付运费,要求换取提单或其他多式联运单证。船公司或其代理人确认在场站收据上是否有批注,然后在已编制好的提单上签字。

(八)集装箱装船

集装箱进入集装箱装卸作业区的集装箱堆场后,码头堆场或集装箱码头装卸部门,根据待装船集装箱货物的流向和装船顺序,编制集装箱装船计划或积载计划。将待装船的集装箱移至集装箱前方堆场,按顺序堆码于指定的箱位,待船舶靠泊后,即可顺次装船。

(九)装船完毕后的工作

装船后,船长应在集装箱堆场提交的集装箱出口载货情况上签字,作为船方确认单上所列货物已经装船以及港方与船方的交接证明。船舶开航前,集装箱堆场经营人或船长在场站收据海关联上签字,以便向海关证实货物已装船,同时作为海关办理监管手续的必要单证。

（十）船舶开航后的工作

船舶开航后，装货港有关方需将场站收据副本、集装箱装箱单副本、出口载货清单副本、特种货物清单以及积载图等送交船公司或其在装港的分支机构或代理人，再由他们编制进口载货清单等船舶进口所需单据。

**二、集装箱进口货运程序**

（一）寄送货运单证

对进口集装箱货物，船公司或其在装港的分支机构或代理人，应在船舶抵港前一定时间，采用传真、电传、航空邮寄等方式向卸货港的分支机构或代理人提供完整准确的提单副本、进口载货清单、集装箱装箱单、场站收据副本、积载图、危险货物集装箱清单、危险货物说明书、冷藏集装箱清单等必要的卸船资料。

（二）分发货运单证

卸货港船公司分支机构或代理人在收到装货港发来的货运单证后，即将有关单证转交集装箱堆场或集装箱货运站。

（三）发出提货通知

卸货港船公司分支机构或代理人根据船舶到港时间与有关货运资料，制作船舶预计到港通知书、交货通知、集装箱舱单等单证，并将这些资料分送港口、外轮理货、海关等单位，同时用“提货通知”通知收货人或其代理人。

（四）换取提货单

收货人向银行付清货款领取单证后，凭正本集装箱提单向船公司的卸港代理人换取提货单，并备妥进口许可证。

（五）编制卸船计划

卸货港的集装箱堆场及货运站根据收到的货运单证、资料，制订卸货计划、集装箱堆场内的集装箱堆置计划、整箱货和拼箱货的交货计划。

（六）卸货接箱

船舶到港后，船长首先应向海关交验进口载货清单，收货人向海关申请并放行后，方可卸船。集装箱卸下后运往集装箱堆场。在拼箱货情况下，将集装箱再移到集装箱货运站，并在那里拆箱，按收货人分类，等待货主前来提货。

（七）提货交付

在拼箱货情况下，收货人或货运代理人应向集装箱货运站出示提货单，办理提货手续。货运站对提货单记载内容与货物进行核对，无误后即可交货。交货时，货运站与收货人应共同在交货记录上签字。整箱货情况下，集装箱堆场根据正本提货单交箱，其与收货人对集装箱铅封进行核查后，在船公司签发的设备交接单上签字，以示办妥交接手续。

（八）办理卸空集装箱的交还工作

收货人向集装箱货运站或集装箱堆场办理提货手续后，在拼箱货情况下，集装箱货运站应将空集装箱运到承运人指定的集装箱堆场或内陆集装箱站，办理空集装箱的交换工作。在整箱货情况下，上述工作由收货人办理。

# 项目四　国际多式联运及无船承运业务

## 【项目介绍】

国际多式联运是货物运输集装箱化后得到蓬勃发展的一种新型运输组织方式,随着全球经济一体化的推进,集疏运条件的进一步改善,航道和港口硬件设施的能力的提高,集装箱多式联运与无船承运业务已获得迅速的发展。本项目主要介绍国际多式联运的基本概念、基本条件、优点、组织形式、国际多式联运经营人的责任类型及无船承运业务有关的基本知识。

## 任务4-1　了解国际多式联运及其经营人的责任类型

### 【任务分析】

国际多式联运是一种以实现货物整体运输的最优化效益为目标的联运组织形式。它通常是以集装箱为运输单元,把海上运输、铁路运输、公路运输、航空运输等单一的运输方式有机地结合起来,构成连续的、综合性的一体化货物运输。通过一次托运,一次计费,一份单证,一次保险,由各运输区段的承运人共同完成货物的全程运输,即将货物的全程运输作为一个完整的单一运输过程来安排,从而打破了过去海、铁、公、空等单一运输方式互不连贯的传统做法。本任务要求同学们了解与国际多式联运有关的基本知识、国际多式联运经营人的责任类型。

### 【相关知识】

**一、国际多式联运的定义**

《1980年联合国国际货物多式联运公约》规定,国际多式联运(International Multimodal Transport),是指按照多式联运合同,以至少两种不同的运输方式,由多式联运经营人负责将货物从一国境内接管货物的地点运至另一国境内指定交付货物地点的运输方式。

我国《海商法》将多式联运合同纳入调整范围,规定:"多式联运合同,是指多式联运经营人以两种以上的不同运输方式,其中一种是海上运输方式,负责将货物从接收地运至目的地交付收货人,并收取全程运费的合同。"可见,我国《海商法》将不涉及海运的国际多式联运形式排除在调整范围之外。

**二、国际多式联运的基本条件**

1.货物在全程运输过程中无论使用多少种运输方式,作为负责全程运输的多式联运经营人必须与发货人订立一份多式联运合同。该运输合同是多式联运经营人与托运人之间对权利、义务、责任与豁免的合同关系和运输性质的确定,也是区别多式联运与一般货物运输方式的主要依据。

2.必须使用一份全程多式联运单证。它是证明多式联运合同,证明多式联运经营人已接收货物,并负责按照合同条款交付货物所签发的单据。该单据应满足不同运输方式的需要,并按单一运费率计收全程运费。

3. 多式联运不仅仅是使用两种不同的运输方式，且必须是该不同运输方式下的连续运输。为履行单一方式运输合同而进行的该合同所规定的货物接送业务，不应视为多式联运。

4. 多式联运经营人接管的货物运输必须是国际间的货物运输，这不仅有别于国内货物运输，主要还涉及国际运输法规的适用问题。即在国际多式联运方式下，货物运输必须是跨越国境的一种国际间运输。

5. 多式联运经营人必须对货物运输的全程负责。多式联运经营人既是与发货人订立多式联运合同的人，也是签发多式联运单据的人，在联运业务中作为总承运人对货主负有履行合同的责任，并承担自接管货物起至交付货物时止的全程运输责任。在多式联运经营人履行多式联运合同规定的运输责任的同时，可将全部或部分运输以自己的名义委托给有关区段运输承运人（又称分立承运人）完成，并订立分立合同，但发货人与分立合同的承运人之间不存在任何合同关系。

**【议一议】国际多式联运是由一个经营人承担全部运输吗？**

实践中，国际多式联运极少由一个经营人承担全部运输，往往是多式联运经营人接受货主的委托后，自己办理一部分运输工作，而将其余各段的运输工作再委托给其他的承运人。这些接受多式联运经营人负责转托的承运人，只是依照运输合同关系对多式联运经营人负责，与货主不发生任何业务关系。因此，多式联运经营人可以是实际承运人，也可以是“无船承运人”（Non-Vessel Operating Common Carrier，NVOCC）。

### 三、国际多式联运的优点

#### （一）手续简便，责任统一

在国际多式联运方式下，无论货物运输距离有多远，由几种运输方式共同完成，且不论运输途中货物经过多少次转换，所有一切运输事项均由多式联运经营人负责办理。托运人只需办理一次托运手续、取得一张全程单据即可。一旦运输过程中发生货损、货差，由多式联运经营人对全程运输负责，从而也可简化理赔手续，减少理赔费用。

#### （二）缩短货物运输时间，减少中间环节，提高货运质量

多式联运一般以集装箱为运输单元，便于实现门到门运输，在运输途中也不需要掏箱、装箱，各个运输环节和各种运输工具之间配合密切、衔接紧凑，货物所到之处中转迅速及时，减少了中间环节，缩短了运输时间，从根本上保证了货物安全、迅速地运抵目的地，在很大程度上提高了货物的运输质量。

#### （三）降低运输成本，节省运输费用

多式联运全程运输中各区段运输和各区段的衔接，是由多式联运经营人与各区段承运人订立分运合同和与各代理人订立委托合同来完成的。多式联运经营人一般与这些人都订有长期协议，可以从各区段承运人那里取得优惠的运价。由于多式联运可实行门到门运输，因此对货主来说，在货物交由第一承运人以后即可取得货运单证，并据以结汇，从而提前了结汇时间。这不仅有利于加速货物资金的周转，而且可以减少成本的支出。此外，采用集装箱运输可以节省包装费用、理货和保险费用，还可以节省制单和计算方面的费用。

#### （四）提高运输管理水平，实现运输合理化

多式联运可提高运输组织水平，实现合理化运输，改善不同运输方式间的衔接工作。在国

际多式联运开展之前,各种运输方式的经营人各自为政、自成体系,因而其经营的业务范围受到限制,货运量有限。而一旦由不同的联运经营人共同参与多式联运,经营的范围可以大大扩展,同时可以最大限度地发挥其现有设备作用,选择最佳运输线路,组织合理化运输。

## 四、国际多式联运经营人

### (一)国际多式联运经营人的定义

根据《联合国国际货物多式联运公约》的规定,“多式联运经营人(Combined Transport Operator,CTO),是指其本人或通过其代表订立多式联运合同的任何人,他是事主,而不是发货人的代理人或代表,或参加多式联运承运人的代理人或代表,并且负有履行合同的责任”。

多式联运经营人是订立多式联运合同并负有履行合同责任的人。由于多式联运是在国际间使用多种不同运输工具共同完成,不可能有一个多式联运经营人拥有全部运输工具,承担全部运输,因此在订立合同后,多式联运经营人往往把部分运输区段或全部运输区段的运输任务委托各区段实际承运人去完成,自己并不参加某区段实际的运输或不参加任何区段的实际运输。这种多式联运经营人与各区段实际承运人订立的分运输合同,不能改变多式联运经营人在多式联运合同中当事人的身份,各区段承运人只对多式联运经营人负责,而多式联运经营人必须对多式联运合同负责。

### (二)国际多式联运经营人应具备的条件

当多式联运经营人从发货人那里接管货物时起,其对多式联运合同的责任即开始,他必须按照合同,把货物从一国境内的接货地安全、完好、及时地运至另一国境内指定的交货地,如果货物在全程运输过程任何区段发生灭失、损害或延误交付,多式联运经营人均以本人身份直接向货主进行赔偿,即使货物的灭失、损害是某区段实际承运人过失所致。因此,作为多式联运主体的多式联运经营人,应具备以下一些必要条件:

1. 订立多式联运合同

多式联运经营人本人或其代表就多式联运的货物必须与发货人本人或其代表订立多式联运合同,是多式联运中的契约承运人。

2. 接货后即签发多式联运单据

多式联运经营人从发货人或其代表那里接管货物时起即签发多式联运单证,并对接管的货物开始负有责任。承担多式联运合同规定的与运输和其他服务有关的责任,并保证将货物交给多式联运单证的持有人或单证中指定的收货人。

3. 多式联运经营人以本人身份参加多式联运全程运输中某一个或一个以上区段的实际运输,作为该区段的实际承运人,对自己承担的区段的货物运输负责。

4. 多式联运经营人以本人身份与自己不承担区段的其他承运人订立分运或分包运输合同以完成其他区段的运输。在这类合同中,多式联运经营人既是发货人也是收货人。

在国际多式联运的全过程中,多式联运经营人是以多重身份出现的。不论以何种身份出现,都是以本人身份而不是以货方或承运人的代理人身份出现,并对全程运输负责。

### (三)国际多式联运经营人的责任类型

在多式联运情况下,至少涉及两种运输方式,运输分几个区段完成,每一种运输所在区段适用的法律对承运人的责任规定往往不同。在很多情况下,承运人又委托他人(即实际承运人或分段承运人)完成部分或全部运输。因此,当货物在运输过程中发生货损、货差时,由谁对此承担责任,承运人依据何种标准对损害承担责任,即确定损害实际发生的区段所适用的法

律十分重要。目前,多式联运经营人对货物的责任有以下类型:

1. 责任分担制

又称分段责任制,是指多式联运经营人仅对自己履行运输区段中发生的货物灭失或损坏承担责任,而对由区段承运人履行的运输不负责任。各区段承运人亦只对本区段中发生的货物的灭失或损坏承担责任,各区段适用的责任原则,按适用于该区段的法律予以确定。对于不能判定发生在哪一区段的货物灭失或损坏,通常视为发生在海上区段,由海上区段承运人按适用于海上区段的法规承担责任。可见,在这种类型下,多式联运只是多种单一运输方式的简单叠加,没有人对全程运输负责,不利于保护货方的利益,不便于多式联运的发展,实践中很少采用。

2. 单一责任制

在单一责任制下,多式联运经营人对全程运输负责,而不论货物损坏发生在哪一区段,货方均可向多式联运经营人索赔。其又分为:

(1)统一责任制(Uniform Liability System)

又称同一责任制,是指多式联运经营人对全程运输负责,不论损害发生在哪一区段,都按统一规定的限额对货主进行赔偿,而各区段的实际承运人仅对自己完成的运输区段负责并按适用于该区段的法规进行赔偿。也就是说,多式联运经营人对全程运输中货物的灭失、损坏或延迟交付负全部责任,无论事故是隐蔽的还是明显的,是发生在海运区段还是发生在内陆区段,均按一个统一原则由多式联运经营人按约定的限额赔偿。

如果在多式联运中采用统一责任制,一般规定的统一赔偿限额比航空、铁路和公路公约规定的要低,但比海运公约规定的要高,这就会造成在能确知货损发生区段和实际责任人的情况下,多式联运经营人按统一限额做出赔偿后,在向实际责任人追偿时得不到与已赔偿数额相同的赔偿。特别是事故发生在海运区段而事故原因又符合海运公约规定的免责规定时,甚至会出现多式联运经营人在向货方赔偿后无法向区段实际承运人追偿的局面。统一责任制是一种科学、合理、手续简化的责任制度。但这种责任制对联运经营人来说责任负担较重,因此目前在世界范围内采用还不够广泛。

(2)网状责任制(Network Liability System)

又称混合责任制,是指多式联运经营人对全程运输负责,各区段的实际承运人仅对自己完成的运输区段负责。各区段适用的责任原则按适用该区段的法律予以确定;对于不能判定发生在哪一区段的货物灭失或损坏,一般视为发生在海上运输区段,并按适用于该区段的法规确定多式联运经营人的责任。因此,不论货损发生在哪一区段,托运人或收货人既可向承运人索赔,也可向事故发生区段的区段承运人索赔。但不论向谁索赔,适用的法律均以损害发生区段适用的法律为准。如海上区段按《海牙规则》处理,铁路区段按《国际铁路运输公约》处理,公路区段按《国际公路货物运输公约》处理,航空区段按《华沙公约》处理,当这些公约不能适用时,则按相应的国内法规定处理。

在网状责任制下,随事故发生的区段来确定多式联运经营人的赔偿责任,事先难以掌握,货主有时难以查明适用哪一区段的法律,自己能否得到赔偿以及能得到什么样的赔偿,因而易在多式联运经营人责任轻重、赔偿责任限额高低等方面产生分歧。它的优点是对多式联运经营人与区段承运人来说,其承担赔偿责任时适用的赔偿标准是一致的,不存在同一运输区段有两种赔偿标准的矛盾,减轻了多式联运经营人的风险责任,便利了多式联运的组织工作和多式联运的发展。

3. 修正后的统一责任制(Modified Uniform Liability System)

也被有的学者称为“可变性的统一责任制”,是由《1980年联合国国际货物多式联运公约》(以下简称《多式联运公约》)所确立的以统一责任制为基础,以责任限额为例外的一种责任制度。根据这一责任形式,多式联运经营人对货损的处理,不管是否能确定造成货损的实际运输区段,都将适用本公约的规定。但是,《多式联运公约》又规定,如果货物的灭失或损坏发生于多式联运的某一特定区段,而对这一区段适用的一项国际公约或强制性国家法律规定的赔偿责任限额高于本公约规定的赔偿责任限额,则多式联运经营人对这种灭失或损坏的赔偿,应按照该国际公约或强制性国家法律予以确定。所以,修正后的统一责任制下,统一责任制是多式联运经营人承担责任的总体规则,但对责任限额,则适用网状责任制形式。

该公约中采用的这种责任形式,使国际多式联运中出现了双层赔偿责任关系,即多式联运经营人与托运人或收货人之间的赔偿责任关系,以及多式联运经营人与区段承运人之间的赔偿责任关系。前者的赔偿责任关系受制于公约的规定。由于公约的强制性,这一规定中多式联运经营人不能降低赔偿责任限制,也不能将自己承担的责任转嫁给货方。对多式联运经营人与区段承运人的赔偿责任,公约并未作任何规定,这在国际多式联运中极易产生纠纷。如海运方面至今采用的是“不完全过失责任制”,航空方面则采用“完全过失责任制”,而陆路运输方面无论是公路还是铁路均采用“严格责任制”。在上述几种责任制中,海上承运人的责任最轻。

## 【拓展知识】国际多式联运组织形式

目前,有代表性的国际多式联运主要有远东/欧洲,远东/北美等方向的海、陆、空联运,其组织形式包括:

(一)海陆联运

海陆联运是国际多式联运主要的组织形式,通常以航运公司为主体,签发多式联运提单,并与航线两端的内陆运输部门开展联运业务。

(二)陆桥运输(Land Bridge Service)

陆桥运输是指采用集装箱专用列车或卡车,把横跨大陆的铁路或者公路作为中间桥梁,使大陆两端的集装箱海运航线与专用列车或者卡车连接起来的一种运输方式。这种方式本质上是海陆联运,因其在国际多式联运中的特殊地位,故将其作为一种独立的运输组织方式。目前,远东/欧洲的陆桥运输线路主要有以下形式:

1. 大陆桥运输

(1)西伯利亚大陆桥(Siberian Land Bridge)

西伯利亚大陆桥是指使用国际标准集装箱,将货物由远东海运到俄罗斯东部港口,再经跨越欧亚大陆的西伯利亚铁路运至波罗的海沿岸各港口,然后再采用铁路、公路或海运运到欧洲各地的国际多式联运的运输线路。

西伯利亚大陆桥缩短了从日本、远东、东南亚及大洋洲到欧洲的运输距离,节省了运输时间。从日本横滨到欧洲鹿特丹,采用陆桥运输不仅可使运距缩短1/3,运输时间也可节省1/2。在一般情况下,运输费用还可节省20%~30%,因而对货主有很大的吸引力。

(2)北美大陆桥(North American Land Bridge)

北美大陆桥是指利用横贯美国东西岸的铁路主干线，实现自远东、日本到欧洲的“海陆海”联运。采用这条通道，比海运经苏伊士运河的路线大约缩短 580 n mile。

从远东到北美东海岸的货物，采用这种陆桥运输方式比采用全程水运方式通常要快 1 ~ 2 周。例如，集装箱货从日本东京到欧洲鹿特丹，采用全程水运（经巴拿马运河或苏伊士运河）通常约需 5 ~ 6 周时间，而采用北美大陆桥运输仅需 3 周左右的时间。

(3) 新亚欧大陆桥

该大陆桥东起中国的连云港，西至荷兰的鹿特丹港，全长 10 837 km，其中在中国境内 4 143 km，途经中国、哈萨克斯坦、俄罗斯、白俄罗斯、波兰、德国和荷兰 7 个国家，可辐射到 30 多个国家和地区。

1990 年 9 月，中国铁路与哈萨克铁路在德鲁日巴站正式接轨，标志着该大陆桥的贯通。1991 年 7 月 20 日开通了新疆—哈萨克斯坦的临时边贸货物运输。1992 年 12 月 1 日由连云港发出首列国际集装箱联运“东方特别快车”，经陇海、兰新铁路，西出边境站阿拉山口，分别运送至阿拉木图、莫斯科、圣彼得堡等地，标志着该大陆桥运输的正式开办。近年来，该大陆桥运量逐年增长，并具有巨大的发展潜力。

2. 小陆桥运输（Mini-land Bridge）

小陆桥运输是指货物由远东运至美国、加拿大西海岸港口，再以铁路或公路运至北美东海岸和加勒比海区域以及相反方向的运输。

小陆桥运输是在美国大陆桥开始萎缩后产生的，由于不必通过巴拿马运河，因此可以节省时间。以日本/美东航线为例，从大阪至纽约全程水运（经巴拿马运河）航线距离 9 700 n mile，运输时间 21 ~ 24 天。而采用小陆桥运输，运输距离仅 7 400 n mile，运输时间 16 天，可节省 1 周左右的时间。

（三）海空联运（Air-bridge Service）

海空联运又称空桥运输。它不同于陆桥运输的地方在于货物通常要在航空港换入航空集装箱，而陆桥运输整个过程中使用的是同一个集装箱。采用此方式，运输时间比全程海运少，运输费用比全程空运便宜。目前，国际海空联运线主要有远东—欧洲、远东—中南美、远东—中近东、非洲、澳洲等。

## 任务 4 -2 了解无船承运业务

### 【任务分析】

随着产业全球化的迅速发展以及随之而来对物流行业的需求，无船承运人在国际海运业务中起着越来越重要的作用。一些大公司一改往日由自己直接安排货物运输的做法，将与货物运输有关的业务和事宜交由规模较大的无船承运人统一办理。这样不仅体现出专业化分工的原则，更使无船承运人成为全球供应链中一个不可缺少的组成部分。本任务要求同学们了解无船承运人的概念、业务范围及我国对无船承运人的管理制度。

## 【相关知识】

### 一、无船承运人的概念

无船承运人(Non-Vessel Operating Common Carrier,NVOCC)的概念最早见于美国1984年《航运法》,该法规第17条第3款规定:“无船承运人是指并不经营提供远洋运输服务船舶的公共承运人,其与远洋公共承运人的关系中属于托运人。”

美国《1998年远洋航运改革法》将远洋货运代理和无船承运人统称为“远洋运输中介人”。其中“无船承运人”,是指不实际操作运输船舶,在与有船公共承运人的关系中相当于托运人的公共承运人;“远洋货运代理”,是指在美国为托运人订舱或安排货物舱位,同时为公共承运人装运货物提供服务、处理与运输有关的文件资料的实体。尽管没有提到无船承运人在与货主的关系中是否为承运人身份,但不论怎样,无船承运人担任的是远洋运输中介的角色。

在我国,无船承运作为法律术语首见于2002年1月1日起施行的《中华人民共和国国际海运条例》(以下简称《国际海运条例》)中。该条例第7条第2款规定:“无船承运业务,是指无船承运业务经营者以承运人身份接受托运人的货载,签发自己的提单或者其他运输单证,向托运人收取运费,通过国际船舶运输经营者完成国际海上货物运输,承担承运人责任的国际海上运输经营活动。”可见,我国基本借鉴了美国法律对无船承运人的定义。

从《国际海运条例》对“无船承运业务”的界定看,无船承运业务经营不实际操作船舶,要通过“国际船舶运输经营者”完成运输,表明无船承运业务经营不仅不拥有船舶,也不经营船舶,不租赁船舶,其显著特征是,以承运人身份承担承运人责任,但是,自己不进行海上货物运输。这区别于我国《海商法》规定的承运人概念,《国际海运条例》属于行政法规,其在确立无船承运业务时,实质上扩大了《海商法》承运人的外延,但是为了避免行政法规与法律发生冲突,而不直接使用无船承运人的概念。从确立无船承运业务市场准入制度目的看,无船承运业务经营者在本质上等同于无船承运人。

我国《海商法》没有直接规定无船承运人的概念及相关规定,但是无船承运业务在航运实践中并不少见,尤其是服务合同或拼箱货的情况。航运实践中,无船承运人作为运输行签发自己的提单给发货人,根据自己的运价本收取运费,同时作为托运人向航运公司洽订舱位,安排货物的运输,在目的港收回签发的提单,并交付货物。

基于我国的法律环境和对无船承运人的理解,对无船承运人可作如下定义:无船承运人,也称无船经营公共承运人,是指不经营船舶,以承运人身份接受货载并且承担承运人责任,与国际船舶运输经营者的关系中属于托运人的国际海上运输中介人(或国际货运服务经营者、国际货运服务当事人)。

### 二、无船承运业务的范围

无船承运人在业务活动中起着双重作用,对于托运人来说,它是承运人,要履行承运人的职责,承担货物安全运输的责任;而对于船公司来说,它又是托运人,承担向船公司支付运费的责任。

根据我国《国际海运条例》及《国际海运条例实施细则》的规定,无船承运业务包括为完成该项业务围绕其所承运的货物开展的下列活动:以承运人身份与托运人订立国际货物运输合同;以承运人身份接收货物、交付货物;签发提单或者其他运输单证;收取运费及其他服务报酬;向国际船舶运输经营者或者其他运输方式经营者为所承运的货物订舱和办理托运;支付港到港运费或者其他运输费用；集装箱拆箱、集拼箱业务；其他相关的业务。

**三、我国无船承运业务管理制度**

我国《国际海运条例》首次对国际海运实践中出现的无船承运业务做出了比较全面的规定，界定了无船承运经营人与国际货运服务代理人的经营界限，并赋予无船承运业务经营者作为一种独立的市场主体。

我国无船承运制度的确立，对于规范我国国际海上运输市场行为，建立公平秩序和诚信机制，防范和减少海运欺诈，保障当事人的合法利益，促进中国海上国际运输经营活动的健康发展都具有十分重要的意义。

《国际海运条例》及其《实施细则》确立了以下有关无船承运业务的主要管理制度：

（一）无船承运业务的市场准入条件

我国《国际海运条例》及其《实施细则》以核准制为基础，规定了无船承运业务市场准入制度的申请人范围、实体条件等内容。

1. 在中国境内经营无船承运业务，应当在中国境内依法设立企业法人；

2. 无船承运业务经营者应当向国务院交通主管部门办理提单登记，并交纳保证金；

3. 无船承运业务经营者在向国务院交通主管部门提出办理提单登记申请的同时，应当附送证明已按规定交纳保证金的相关材料。

（二）无船承运人保证金制度

《国际海运条例》首次建立了无船承运人保证金制度，保证金金额为 80 万元人民币；每设立一个分支机构，增加保证金 20 万元人民币。保证金应当向中国境内的银行开立专门账户交存。未按规定交纳保证金，不得经营无船承运业务。保证金用于无船承运业务经营者清偿因其不履行承运人义务或者履行义务不当所产生的债务以及支付罚款。

这是规范海运市场经营行为的重要措施，完善了我国对无船承运业务的管理，明确了无船承运业务经营者在海上运输活动中作为承运人的法律地位和责任。

无船承运人交纳保证金，既是市场准入的条件，同时也建立起损害赔偿救济制度和承担行政责任制度，有利于防范和减少海运欺诈，保护当事人的合法权益，降低了有无船承运人参与的运输系统的风险，从某种意义上讲也提高了违规操作的成本。

（三）无船承运人提单登记制度

在《国际海运条例》实施以前，我国国际航运实践中通过滥用、冒用提单以及伪造提单进行欺诈的行为时有发生，其中以无船承运人市场更为严重。为规范我国航运市场、防止海运欺诈、促进对外贸易的发展，《国际海运条例》规定了无船承运人提单登记制度。无船承运人只能签发登记过的自己的提单，如果使用未登记的提单或者伪造、涂改他人提单或者滥用他人提单而损害其他企业利益、造成航运竞争秩序混乱的，应当对其进行处罚，甚至可以取消其从事无船承运人业务的资格。

无船承运人交纳保证金并办理提单登记，依法取得无船承运业务经营资格后，交通部在其政府网站公布其名称及提单格式样本。

（四）无船承运人运价报备制度

为了建立无船承运业务的良好竞争秩序，实现无船承运业务市场的公平竞争，我国《国际海运条例》制定了一系列无船承运业务的监管制度，其中包括运价报备制度。

国际班轮运输运价分为公布运价和协议运价。公布运价是指国际班轮运输经营者和无船承运业务经营者运价本上载明的运价;协议运价是指国际班轮运输经营者与托运人、无船承运人约定的运价。根据我国《国际海运条例》的规定,公布运价和协议运价都需要备案。

无船承运人的运价本是其与托运人订立运输合同确定运价的依据之一。无船承运人必须公布自己的运价本,这是无船承运业务市场的准入条件之一。无船承运人按照公布的运价本收取运费可以体现公开、公平、公正的原则。

## 【案例讨论】

我国货主A公司委托B货运代理公司办理一批服装货物海运出口,从青岛港到日本神户港。B公司接受委托后,出具自己的House B/L给货主。A公司凭此到银行结汇,提单转让给日本D贸易公司。B公司又以自己的名义向C海运公司订舱。货物装船后,C公司签发海运提单给B公司,B/L上注明运费预付,收发货人均为B公司。实际上C公司并没有收到运费。货物在运输途中由于船员积载不当,造成服装沾污受损。C公司向B公司索取运费,遭拒绝,理由是运费应当由A公司支付,B仅是A公司的代理人,且A公司并没有支付运费给B公司。A公司向B公司索赔货物损失,遭拒绝,理由是其没有诉权。D公司向B公司索赔货物损失,同样遭到拒绝,理由是货物的损失是由C公司过失造成的,理应由C公司承担责任。

讨论以下问题:(1)本案中B公司相对于A公司而言是何种身份?(2)B公司是否应负支付C公司运费的义务?为什么?(3)A公司是否有权向B公司索赔货物损失?为什么?(4)D公司是否有权向B公司索赔货物损失?为什么?(5)D公司是否有权向C公司索赔货物损失?为什么?

## 【测一测】单项选择题

1. ________是指船舶按照事先公布的船期表在特定的航线上,以既定的挂靠港口的顺序,经常从事航线上各港间的船舶运输。

   A. 航次期租　　B. 不定期船运输　　C. 班轮运输　　D. 包运租船

2. 按定期、定线是否严格区分,班轮运输包括________。①定线定期班轮;②定期不定线班轮;③定线不定期班轮

   A. ①②③　　B. ①③　　C. ①②　　D. ②③

3. ________是指船舶虽有船期表,也有固定的始发港与目的港,但船舶抵、离港的时间有一定的伸缩,其余港口是否停靠视货源情况临时增减。

   A. 定期定线班轮　　B. 定期不定线班轮　　C. 定线不定期班轮　　D. 严格班轮

4. 班轮运输中以下哪些项目是固定的?________。①船期;②航线;③港口;④运费率

   A. ①②③　　B. ①②③④　　C. ①②④　　D. ①③④

5. 班轮运输的特点是________。①适合于件杂货运输;②计算滞期和速遣费;③装卸费用由班轮公司承担;④按照提单条款组织运输

   A. ①②③④　　B. ①②④　　C. ①③④　　D. ②③④

6. 集中装船与直接装船的区别在于________。

   A. 托运人交付货物的义务不同

   B. 承运人对货物灭失损害的责任期间不同

   C. 承运人与装船代理人约定货物从仓库至船边的责任归属

D. 班轮公司与托运人之间责任界限和费用分担界限不同

7. 采用现装与现卸方式的货物通常是________。①小批量杂货；②危险货；③贵重货；④冷藏、冷冻及鲜活货物

A. ①②③　　B. ①②③④　　C. ①②④　　D. ②③④

8. 有关误卸的叙述正确的是________。①溢卸和短卸统称误卸；②通常因误卸发生的退运、补送费用由船公司承担；③因标志不清、不全或错误所致误卸，所有补送、退运、卸货及保管费均由货主承担；④因货主过失所致误卸，船公司不负任何责任

A. ①②③　　B. ①②③④　　C. ①②④　　D. ②③④

9. 承运人在选择卸货港交付货物时，应凭收货人提交的________提单交付。

A. 全套副本　　B. 全套正本　　C. 一份正本　　D. 一份副本

10. 以下有关变更卸货港交付货物的叙述正确的是________。①船舶所变更的卸货港可以是船舶本航次的非基本停靠港；②变更卸货港的要求通常是由收货人提出的；③收货人必须向船公司提交全套正本提单才能在变更后的卸货港提货；④变更卸货港附加运费应由收货人承担

A. ①②③　　B. ①②③④　　C. ①②④　　D. ②③④

11. 装货单上除应记载托运人名称、编号、船名、目的港及货物的详细情况等内容外，还应记载货物________等内容。①装船完毕日期；②装舱位置；③实装货物数量；④理货人员的签名

A. ①②③④　　B. ①②③　　C. ②③　　D. ①④

12. ________是记载进出口货物原残、混装及货物在装卸作业过程中出现的各种现场情况的原始记录。

A. 理货单　　B. 大副收据　　C. 现场记录　　D. 理货计数单

13. 载货清单作为随船的单据分为________。①出口载货清单；②进口载货清单；③过境载货清单；④转载货物载货清单

A. ①②　　B. ①②④　　C. ①②③　　D. ①②③④

14. 载货船舶航行时一般不要求必须随船的单证是指________。①装货清单；②装货单；③载货清单；④载货运费清单

A. ①②③④　　B. ②③④　　C. ①②④　　D. ①④

15. 船舶在货物目的港发现货物残损，为了弄清货物是否"原残"，船舶查阅的单证应包括________。①装货港的装货单；②装货港的收货单；③托运单；④卸货报告

A. ①②③④　　B. ①②　　C. ①③④　　D. ②③④

16. 集装箱主要包括哪几种租赁方式？________。①期租；②程租；③灵活租赁；④光租

A. ①③④　　B. ①②④　　C. ①②③　　D. ②③④

17. 集装箱的程租方式包括________。①长期租赁；②单程租赁；③来回程租赁；④短期租赁

A. ①③　　B. ②③　　C. ①②③　　D. ②③④

18. 集装箱的灵活租赁方式在费用上类似于________方式，在使用上与________方式相似。

A. 长期租赁/短期租赁　　B. 短期租赁/长期租赁

C. 来回程租赁/单程租赁　　D. 单程租赁/来回程租赁

19. 通常________货只有一个托运人和一个收货人。

A. LCL　　B. FCL　　C. CFS　　D. LCC

20. 集装箱货物在整箱接收、整箱交付下的交接方式有________。①门到门;②门到场;③场到站;④场到场

A. ①②　　B. ①②④　　C. ③④　　D. ①②③④

21. 国际多式联运经营人对全程运输负责,各区段适用的责任原则按适用于该区段的法律予以确定,此种多式联运承运人的责任原则是________。

A. 网状责任　　B. 分段责任　　C. 统一责任　　D. 严格责任

22. 在多式联运中,统一责任制度与网状责任制度的根本区别是________。

A. 经营人与实际承运人对货损是否承担连带责任

B. 对于货损在适用法律上的区别

C. 货损由经营人承担还是由实际承运人承担

D. 与货主签订合同的是经营人还是实际承运人

23. 国际多式联运经营人的 3 种责任类型中,对货主来说从最有利到最不利的排序是________。

A. 分段责任制、网状责任制和统一责任制

B. 网状责任制、统一责任制和分段责任制

C. 统一责任制、网状责任制和分段责任制

D. 分段责任制、统一责任制和网状责任制

24. 目前,大陆桥运输的主要表现形式有________。①西伯利亚大陆桥运输;②北美大陆桥运输;③新亚欧大陆桥运输;④澳洲大陆桥运输

A. ①②　　B. ①②④　　C. ①②③　　D. ①②③④

# 模块三　提单及其业务

## 【知识目标】

- 掌握提单概念及法律性质
- 理解提单的分类
- 了解提单正面记载事项及背面条款
- 了解集装箱提单
- 理解提单的签发与转让
- 了解提单的更正与补发
- 掌握无单放货及海运保函业务

## 【能力目标】

- 知道提单的证据效力;能判断不知条款是否有效
- 掌握已装船提单与收货待运提单、清洁提单与不清洁提单、记名提单与指示提单及不记名提单、倒签提单与预借提单及顺签提单等
- 知道提单正背面主要条款的意义
- 认识不同人签发提单的效力;认识提单转让的方式
- 知道提单更正与补发的注意事项
- 能正确认识无单放货的法律后果及保函的效力
- 知道集装箱提单上的舱面货选择权条款、铅封完整交货条款、货物检查权条款及海关启封检查条款的意义

## 【问题导入】

提单(Bill of Lading,B/L)是随着国际贸易的不断发展而产生的,是国际货物贸易和国际海上货物运输中的重要单证之一,它是卖方向银行办理议付或出口押汇的主要货运单证之一,是买方拥有货物所有权和提取货物的重要凭证,是一种有价证券。

在国际海上货物运输中,货物由承运人接收或装船后,应托运人的要求,应当签发提单。实践中,哪些人有签发提单的权利?提单有什么作用?提单有哪些分类?提单的正背面记载包括什么内容?承运人在目的港向收货人交付货物时必须凭提单放货吗?

# 项目一　提单概述

**【项目介绍】**

提单是证明海上货物运输合同的主要凭证,又是国际贸易跟单信用证支付方式下要求的单证,其具有非常重要的法律地位。

本项目主要介绍提单的定义、作用,提单的证据效力及提单的分类,远洋船舶驾驶人员应掌握有关提单的法律知识。

## 任务 1-1　掌握提单的作用及其证据效力

**【任务分析】**

《中华人民共和国海商法》(以下简称《海商法》)对提单的定义、作用等做了具体规定。本任务要求同学们能结合案例讨论理解提单的作用及其证据效力。

**【相关知识】**

### 一、提单的概念

我国《海商法》第 71 条规定:"提单,是指用以证明海上货物运输合同和货物已经由承运人接收或者装船,以及承运人保证据以交付货物的单证。提单中载明的向记名人交付货物,或者按照指示人的指示交付货物,或者向提单持有人交付货物的条款,构成承运人据以交付货物的保证。"

可见,提单是收货人在目的港据以向承运人或其代理人提取货物的有效凭证,提单的法律性质决定着承运人必须凭正本提单交付货物。

### 二、提单的作用

(一)提单是海上货物运输合同成立的证明(Evidence of Contract)

关于提单是海上运输合同本身还是运输合同的证明,这一问题在理论界是有争议的。但多数意见认为,提单只是运输合同的证明。因为在提单签发之前,首先是由托运人持托运单或订舱委托书(单)向承运人或其代理人提出订舱要求,如果承运人接受订舱,并在托运单上签章予以承诺时,海上货物运输合同即告成立,承、托双方就是根据此约定来安排货物运输的,如果发生争议,当然也应以这种约定作为解决争议的依据。因此,可以认为托运单就是一份运输合同,提单只是在运输合同履行过程中的一项重要证据,进一步明确了承、托双方的权利和义务。

提单不仅证明承运人与托运人之间存在海上货物运输合同,它还是海上货物运输合同条款和内容的具体体现,表现为提单上的条款,除非承运人与托运人另有相反约定。由于提单都事先印刷并且对外公开,作为托运人应该知道或可以知道提单条款的内容。如果在提单签发之前，承、托双方之间已存在运输合同，则不论提单条款如何规定，双方都应按原先签订的合同约定行事；但如果事先没有任何约定，托运人接受提单时又未提出任何异议，这时提单就被视为合同本身，不论提单持有人是否在提单上签字，提单条款对他们都具有约束力。

提单是运输合同的证明只是就承运人与托运人之间的关系而言，当提单从托运人转移至收货人或其他提单受让人时，提单所证明的海上货物运输合同也随之转移。承运人与提单持有人之间的权利、义务依提单的规定确定。由于提单的受让人并非原托运人与承运人运输合同的当事方，他对托运人与承运人之间在订舱时有什么约定并不知情，因此，提单在承运人与提单的受让人之间就不仅是运输合同的证明，而且是运输合同本身。我国《海商法》第 78 条规定："承运人与收货人、提单持有人之间的权利、义务关系，依据提单规定确定。"但是承、托双方在提单内容之外达成的协议，不因提单的转移或转让而转移。提单发生转移后，托运人根据提单或与承运人另达成的协议而承担的责任，也并不因此被解除。

（二）提单是证明货物已由承运人接收或装船的货物收据（Receipt of Goods）

提单是在承运人或其代理人收到所交运的货物或将货物装船后向托运人签发的，提单的正面记载了货物的标志，货物的包装、数量或重量及货物的表面状况等。提单一经承运人签发，就表明他已按提单记载状况收到了货物，并保证在目的港交付与提单上有关货物记载事项相一致的货物。

提单作为货物收据，其上有关货物记载事项及其证据效力，历来存在分歧。我国《海商法》第 75、77 条对此做了明确规定。

（三）提单是承运人保证凭以交付货物的物权凭证（Document of Title）

谁持有提单，谁就有权占有货物，提单合法持有人凭此可要求承运人交付货物。除法律另有规定外，提单可以转让和抵押。因此，在国际贸易中，可以通过提单背书转让，转移货物的占有权。如承运人向非提单持有人交付货物，则须承担因此而产生的赔偿责任。

**三、提单的证据效力**

我国《海商法》第 77 条规定："除依照本法第 75 条的规定做出保留外，承运人或者代其签发提单的人签发的提单，是承运人已经按照提单所载状况收到货物或者货物已经装船的初步证据；承运人向善意受让提单的包括收货人在内的第三人提出的与提单所载状况不同的证据，不予承认。"也就是说，提单相对于托运人具有初步证据效力，对善意第三人具有最终证据效力。

（一）初步证据

又称表面证据或推定证据，是指在无相反证据存在的情况下才可成立的证据，是可以被推翻的证据。

对托运人来说，清洁提单是承运人已按提单所记载的内容收到货物的初步证明，如果承运人有确实的证据证明其事实上收到的货物与提单上的记载不符，他可以向托运人提出异议，即允许承运人向托运人提出反证，证明实际收到的货物和提单上记载的内容不符。但是在没有遇到反证的情况下，货物装船的情况就应当根据提单上的记载来加以认定。

（二）最终证据

又称绝对证据，是指在即使有相反证据存在的情况下也不可以被推翻的证据。

对善意第三人来说，提单是承运人按其上记载收到货物的最终证据，即承运人对善意第三人不得否认提单上有关货物记载内容的正确性。所谓第三人，是指除了托运人以外的受让提单的包括收货人在内的提单持有人;善意(In Good Faith)是指不知情,即收货人或提单受让人不知道提单记载的货物状况与事实不符。如果提单上的记载不实是由于托运人申报不实所造成的,承运人可以向托运人要求赔偿,但承运人不得以此为抗辩理由而拒绝赔偿提单受让人的损失。在法律上这是为了保护善意第三人的合法权益,保证提单的流通性。

(三)禁止翻供的例外

我国《海商法》"……承运人向善意受让提单的包括收货人在内的第三人提出的与提单所载状况不同的证据,不予承认"的规定,表明在承运人和收货人之间,提单已构成承运人在良好状态下收到货物的绝对证据,从而确立了承运人在收货人面前禁止翻供(estoppage)的原则,除非提单上订有一个有效的"不知条款",即当提单转让给善意第三人时,仅是承运人按其上记载收到货物的初步证据。以下详述"不知条款"的目的、定义、表现形式及法律效力。

1. 我国《海商法》对不知条款的规定

我国《海商法》第 75 条规定:"承运人或者代其签发提单的人,知道或者有合理的根据怀疑提单记载的货物的品名、标志、包数或者件数、重量或者体积与实际接收的货物不符,在签发已装船提单的情况下怀疑与已装船的货物不符,或者没有适当的方法核对提单记载的,可以在提单上批注,说明不符之处,怀疑的根据或者说明无法核对。"可见,《海商法》对批注提单做出了严格的限制。"不知条款"也只有在承运人对托运人申报的货物情况有合理的怀疑根据或无合理的方法进行核对,并在提单上做相关批注时才有效。

2. 不知条款的含义

"不知条款",是指承运人加注于提单正面或列明于提单背面,表明承运人对所收到的货物的数量或重量等不知的条款。

实践中,特别是在承运大宗散货的情况下,由于计量等方面的困难和出于减轻责任的意图,提单上往往载有事先印就的或由船方临时批注的"不知条款"。

集装箱运输中也用"不知条款",表明承运人接收的是整箱货物,并且对箱内货物的状况、数量一概不知,承运人只要在集装箱外表状况良好、铅封完整的情况下交货,则对于箱内货物的隐藏损害不承担责任的条款。

3. 不知条款的表现形式

提单项下的"不知条款"通常由提单的正面批注和事先印制的"不知条款"构成:

正面批注的不知条款通常采用以下术语:Said to Be(据报称);Weight Unknown(重量不知);Shipper's Load and Count(发货人装箱、计数);Shipper's Load, Count and Seal(发货人装箱、计数并加封);Said to Contain(据称内装);Said by Shipper(据货主称)等。

事先印制的"不知条款",通常以格式化条款的形式列于提单的正面或背面,常见的措辞是:"如货物件数是由发货人或其代理人装箱并加封,该种集装箱又为本公司接收运输的,则本提单正面所列的内容(有关货物的重量、尺码、件数、标志、数量等),本公司均不知悉。"虽然该条款已被印制在提单上,但是根据法律实践,在制单过程中再打印上类似的不知条款将更有效地保护船东、无船承运人、多式联运经营人及其代理人等的利益。

4. "不知条款"的法律效力

在提单中订有不知条款,从表面上看能保护承运人的利益,但其保护范围有一定的限度,如货主能举证说明承运人明知货物详细情况,且又订上不知条款,承运人仍不能免责,即"不知条款"不适用于计件的货物。在承运大宗散货时,通常通过水尺检量的方式来确定实际装货量，由于观测本身存在的误差，因此通过水尺检量方法算出的装货数量与船舶实际装货数量之间存在着2‰～3‰的误差是正常的，但超过这个误差范围，即使在提单上记载“不知条款”，该条款也是无效的，因为只要船长、船员持有谨慎的态度，就不可能不知。

实践中，在集装箱运输中出现了对“不知条款”的滥用，集装箱承运人在签发提单时，不论货物是由发货人装箱还是承运人装箱，也不论是整箱货还是拼箱货，均在提单上加注“不知条款”，其法律效力应视情况而定。整箱货情况下“不知条款”具有法律效力。拼箱货情况下“不知条款”的效力，应视集装箱货运站是代表承运人还是托运人装箱而定。如果货运站是由托运人委托，代表托运人装箱，则视同托运人装箱，加注的“不知条款”是有效的。如果货运站是由承运人委托，代表承运人装箱，加注“不知条款”显然与实际装箱情况矛盾，“不知条款”在此种情况下无效。

在实际业务中，善意的提单持有人往往不知道货运站是受承运人委托还是受托运人委托装箱的，此时只要提单注明交接方式为CFS to CFS(CY)的，即可推定为拼箱货，并进一步推定是由承运人或受其委托的人装箱，在承运人和善意第三人之间，提单上的“不知条款”无效。除非承运人举证证明货运站是受托运人委托的，否则承运人对于货损、货差应赔偿善意的提单持有人。许多承运人为了扩大业务、争揽货源，竞相采用“免费装箱”的服务方式。但是，承运人或其代理人在提供免费装箱的同时，却不愿承担相应的责任，于是就在提单上加注“不知条款”，以对抗收货人在发生货损、货差时的索赔。这种情况下，因为装箱、计数为承运人所负责，不产生无法核对的情况，“不知条款”也就失去法律依据，当然不产生法律效力。

**【案例讨论】**

1. 某货主委托承运人的货运站装载1 000箱小五金，货运站在收到1 000箱货物后出具仓库收据给货主。在装箱时，装箱单上记载980箱，货运抵进口国货运站，拆箱单上记载980箱，由于提单上记载1 000箱，同时提单上又加注“由货主装箱、计数”，收货人便向承运人提出索赔，但承运人拒赔。

讨论：根据题意分析下列问题：

(1)提单上类似“由货主装载、计数”的批注是否适用拼箱货，为什么？

(2)承运人是否要赔偿收货人的损失，为什么？

(3)承运人如果承担赔偿责任，应当赔偿多少箱？

2. 某轮从香港计划载运5 000吨袋装尿素至大连，每袋货物重50公斤。装货港理货数字为100 000包。船舶代理公司根据船公司的授权，代表作为承运人的船公司，根据大副收据的记载签发提单，在提单上载明“尿素100 000包，每包50公斤，共计5 000吨”，同时批注“承运人对货物包数和重量的短少不负责任”。提单上同时载明适用中国法。大连的收货人在货物运抵大连港前，按照提单的记载和信用证的规定，通过中国银行辽宁分行向托运人支付了5 000吨尿素的货款。货物运抵大连港后，根据大连外轮代理公司的理货，并经辽宁省进出口商品检验部门的核实，船舶实卸货物为90 000包，收货人实际收到的货物为4 500吨。为此，收货人根据提单，向承运人提出因货物短少500吨所遭受的经济损失的索赔。

讨论：承运人是否应对收货人的损失承担赔偿责任？为什么？

## 任务 1-2 掌握提单的分类

**【任务分析】**

国际海上货物运输中,根据提单的使用情况,可以从不同角度对其进行分类,跟单信用证业务中银行仅接受符合信用证要求的提单。本任务要求同学们掌握已装船提单、收货待运提单、清洁提单、不清洁提单、记名提单、指示提单、不记名提单、倒签提单、预借提单、顺签提单等提单的特点及表现形式。

**【相关知识】**

### 一、按货物是否已装船划分

(一)已装船提单(On Board B/L;Shipped B/L)

是指整票货物全部装船后,应托运人的要求,由装运船舶的船长、承运人或其授权代理人根据大副收据签发的,注明了装载货物的船舶名称和装船日期的提单。如果承运人签发了已装船提单,就是确认他已将货物装在船上。

由于已装船提单对于收货人及时收到货物有保障,所以在国际货物买卖合同中一般都要求卖方提供已装船提单。

《UCP600》第 20 条规定:"提单,无论名称如何,必须看似:……通过预先印就的文字,或已装船批注注明货物的装运日期的方式,表明货物已在信用证规定的装货港装上具名船只……"由此可见,在以跟单信用证为付款方式的国际贸易中,更是要求卖方必须提供已装船提单,以确认卖方已按买卖合同的要求如期出运货物。

提单上常出现"装船日期"和"提单签发日期"不同的情况,《UCP600》中增加了对装运日期的明确规定:"提单签发日期视为装运日期,除非提单上有已装船批注,此时该批注中的日期视为装运日期。"

(二)收货待运提单(Received for Shipment B/L)

又称待运提单或备运提单,是指承运人在收到托运人交来的货物但还没有装船时,根据托运人的要求而签发的提单。

在货物尚未装船的情况下签发这种提单,只说明承运人接管了货物而无法说明货物将何时装上船。买方对货物能否按期装上船无法肯定,很可能因到货不及时遭受损失,实践中,买方一般不愿意接受这种提单。在跟单信用证支付方式下,银行通常也不肯接受待运提单作为议付的担保来为托运人提供资金的融通。

**【想一想】收货待运提单如何转换成已装船提单?**

由于各种原因,承运人已收到了托运的货物,但未立即安排装船,在此情况下,应托运人要求,承运人应当签发"收货待运"提单。收货待运提单未载明所装船名和装船时间,待货物装船后,托运人可凭收货待运提单向承运人换取"已装船"提单;或者承运人也可以在收货待运提单上加注装运船舶的船名和装船日期,加注后的收货待运提单则视为已装船提单。我国《海商法》第 74 条对此做了明确的规定。

## 二、按提单上有无批注划分

### (一)清洁提单(Clean B/L)

是指在装船时货物的外表状况良好,承运人对提单上的货物说明无疑义,对所记载的“外表状况良好(In apparent good order and condition)”未做相反批注的提单。

银行结汇、提单转让一般都要求是清洁提单。《UCP600》第 27 条规定:“银行只接受清洁运输单据。清洁运输单据指未载有明确宣称货物或包装有缺陷的条款或批注的运输单据。‘清洁’一词并不需要在运输单据上出现,即使信用证要求运输单据为‘清洁已装船’的。”

我国《海商法》第 76 条规定:“承运人或者代其签发提单的人未在提单上批注货物表面状况的,视为货物的表面状况良好。”由此可见,承运人一旦签发了清洁提单,货物在卸货港卸下后,如发现有残损,除非是由于承运人可以免责的原因所致,承运人必须负责赔偿。

但是,清洁提单只说明承运人确认货物在装船时外表状况良好、无破损,并不能保证货物内在品质的完好,更不能排除货物具有无法直接观察到的内在瑕疵。

### (二)不清洁提单(Unclean B/L;Foul B/L)

是指承运人明确地对有关货物包装状况不良或存在缺陷等情况加以批注的提单,如“5 件短少”、“货物表面污渍”等。承运人签发了不清洁提单即表明其收到的货物具有“原残”,以此可以对抗收货人提出的索赔。但是,并不是所有经批注的提单即为不清洁提单。国际航运公会于 1951 年规定下列三种内容的批注不能视为不清洁:

1. 不明显地指出货物或其包装有缺陷的批注。例如:旧箱、旧桶、旧包装袋、包装材料脆弱、没有包装等字样。

2. 强调由于货物性质或包装而引起的风险,承运人不承担责任的批注。例如:对装入纸袋中的货物因包装质量引起的灭失或损坏不负责任。

3. 宣布对货物内容、重量、容量、质量或技术规格等情况不知情的批注。例如:承运人对货物质量和箱内数量不负责任,或装货人装船和计数,内容据装货人报称,承运人在装船时未核对。

## 【案例讨论】

2000 年 3 月 20 日,某船在 A 港装载 1.2 万吨精炼白糖运往 B 港。在 A 港即将装货完毕时,忽然发生了火灾,致使 2 000 吨白糖受损。于是受损白糖被重新卸岸。其余的 1 万吨货物被运往目的港。承运人签发了两张提单。第一张上写明装运的白糖重量为 1 万吨;第二张上对货物表面状况的描述是“表面状况良好”并写明重量为 2 000 吨,但同时还载有“重量、尺码、数量、状态、内容和价值不详”字样。银行拒绝接受第二张提单。

讨论:第二张提单是清洁提单还是不清洁提单?

## 三、按提单上收货人栏的记载方式划分

### (一)记名提单(Straight B/L)

是指在提单的收货人一栏内具体填写某一特定人或公司名称的提单。我国《海商法》第 79 条规定:“……,记名提单:不得转让……”,即承运人必须向提单载明的收货人交付货物。

记名提单不能转让,失去了代表货物可转让、流通的便利,但避免了在转让过程中可能给货方带来的风险。记名提单的收货人可以是买主、开证行或代收行,但银行一般不愿接受以买主为收货人的记名提单。因为某些国家的惯例是记名提单的收货人可以不凭正本提单而仅凭

“到货通知”(Notice of Arrival)上的背书和收货人的身份证明即可提货,这样银行如垫款却不能掌握货权,风险大。因此,记名提单在国际海运贸易中使用并不广泛,一般只在运送个人物品、展览品时使用。

使用记名提单,可不通过银行而由托运人将其邮寄收货人,或由船长随船带交。这样,提单就可以及时送达收货人,而不致延误。

(二)指示提单(Order B/L)

是指在提单收货人一栏内记载“凭指示”(To Order)或“凭某人指示”(Order of...)字样的提单。这种提单按照表示指示人的方法不同,又可分为以下三种:

1.托运人指示提单

是指承运人或其授权代理人签发的在收货人一栏内记载“凭指示”(To Order)字样的提单。这种提单在托运人未指定收货人或受让人之前,货物所有权仍属于卖方,这种提单通常由托运人空白背书予以转让,流通性非常大。

2.记名指示人提单

是指承运人或其授权代理人签发的在收货人一栏内记载“某某指示”字样的提单。根据指示方不同分为凭托运人的指示、凭收货人指示或凭进口方银行指示等,分别需托运人、收货人或进口方银行背书后方可转让或提货,又称指示抬头提单。

3.选择指示人提单

是指在提单的收货人一栏内记载“某某或指示”的提单。

记名指示提单或选择指示人提单中指名的“某某”既可以是银行,也可以是托运人或其他人。

指示提单是一种可转让的提单,以背书的方式转让给第三者,无须经过承运人同意,流通性强,是国际贸易中使用最为广泛的一种提单。

(三)不记名提单(Bearer B/L;Open B/L;Blank B/L)

是指提单上收货人一栏内没有写明具体收货人,只注明“提单持有人”(Bearer or Holder)字样或将这一栏空出的提单。

不记名提单仅凭交付转让,无需任何背书手续,谁持有提单,谁就可以提货或转让,即承运人在交付货物时认单不认人,将货物交付给提单持有人即履行交付义务,其流通性极强。这种提单如果丢失或被窃,由于很难区分非法获得提单者和提单的善意受让人,容易造成货物丢失或引起纠纷,因此对买卖双方风险很大,目前在国际贸易中很少使用。

另外,根据有些班轮公会的规定,凡使用不记名提单,在给大副的提单副本中必须注明卸货港通知人的名称和地址。

## 【案例学习】

1997年4月,上海A公司与美国一代理商签订了一份金额为US $ 105 000的纺织品出口合同,6月初收到最终买家开出的不可撤销信用证,信用证要求出具记名××公司的提单,并指定货物装运美国某船公司。货物出运后A公司持全套单据经通知行寄开证行,正常的结汇时间已过,但货款一直未到账,此时收到开证行的不符点电报,称单据有一处不符点,全套单据由开证行暂为保管。A公司查货物下落,船公司告知货物已被提走。A公司要求船公司做出解释,三份正本提单仍在银行,A公司并无放货指令,凭什么放货?船公司告知,记名提单可不凭正本提单,仅凭收货人的身份证明即可放货,船公司无责任。不久三份正本提单连同其他单据被开证行退回,A公司面临着手持正本提单却货、款两空的残酷现实。在要求船公司赔偿货物无果的情况下,一纸诉状把船公司推上了被告席。然而被告认为此案适用于美国《1936年海上运输法》,放货的理由在提单背面条款中已约定,按此法规定记名提单项下承运人可以不凭正本提单放货,只要收货人提供了证明自己合法身份的有关文件即可。一审上海海事法院认定,被告未提供完整的美国《1936年海上运输法》的文本,无从查证,故本案适用中国海商法,根据中国海商法规定,提单无论是记名或不记名都是物权凭证,承运人必须凭正本提单放货,现原告全套正本提单在手,被告已将货物放掉,属于严重侵权行为,判决被告赔偿原告全部货款和利息损失。被告不服,立即上诉上海市高级人民法院,要求终审法院依据美国法律改判此案。在法庭的要求下,上诉方提供了完整的美国《1936年海上运输法》文本,通过研读这份完整的法律文本发现,此法只适用于往来美国港口的运输业务,此案并未涉及美国港口,故终审判决:驳回上诉,维持原判。终审判决书下达7天内,A公司即收到了被告赔偿的全部货款及利息。

启示:必须谨慎使用记名提单。如果信用证要求记名提单,最好要求改证;如果客户坚持使用记名提单,须弄清原委,了解运输业务所涉及国家对记名提单物权凭证属性的法律规定,如装运到美国的货物就不宜使用记名提单,或在记名提单上加注声明:“此提单适用中国海商法”,以约束承运人必须凭正本提单放货,这样才能保证信用证项下贸易的安全。

### 四、按提单运输方式不同划分

#### (一)直达提单(Direct B/L)

又称“港至港”提单(Port to Port B/L),是指货物从装货港装船后,中途不经换船直接运至目的港而签发的提单。

转船作业易增加货物产生货损、货差的风险,延长货物在运输途中的时间,给货方带来更大的风险。所以,在国际贸易实务中,凡信用证规定不准转船的,受益人必须使用直达提单才能结汇。

直达提单中关于运输记载的基本内容,仅记载起运港(Port of Loading)和卸货港(Port of Discharge),不得有“转船”或“在××港转船”之类字样的批注。但有的提单背面印有“自由转船”条款,该条款规定:“……如有需要,承运人得任意将货物交由属于承运人自己的船舶或属于他人的船舶或经由铁路或以其他运输工具直接或间接地驶往目的港……”“自由转船”条款并不影响该提单成为直达提单的性质,除非在提单上批注“转船”字样。

#### (二)转船提单(Transhipment B/L)

是指在起运港装载的货物不能直接运往目的港,需要在中途港口换装其他船舶转运至目的港时承运人签发的提单。

由于转船往往会增加费用、风险,而且货物在中转港停留的时间不易掌握,可能影响到货时间。因此,实践中为节省转船附加费,减少货运风险,收货人一般不同意转船,一般信用证规定不得转船,银行也不接受转船提单。但直达船少或没有直达船的港口,买方也只好同意可以转船。

转船提单由负责一程船的承运人签发,在提单上注明“转运”或“在××港转船”。签发转船提单的承运人对全程运输负责,收取全程运费,安排二程船运输。一程船承运人和二程船承运人对货物的灭失、损坏负连带赔偿责任。

(三)联运提单(Throughout B/L)

是指承运人对经由海—海、海—陆、海—空运输的货物所出具的覆盖全程并收取全程费用的提单。

联运的范围超过了海上运输的界限,当远洋运输船舶对所运的货物不能完成全程运输任务,需要用其他运输工具接运时,即产生联运(包括海陆联运、江海联运或海空联运等)。不管是哪一种方式的联运,这时承运人一般都签发船公司的联运提单。在联运方式中虽然承运人签发全程提单,但他只对第一程运输负责。

联运可以是相同运输方式的联运,也可以是不同运输方式的联运。相对而言,转船提单是在海—海联运形式下所签发的提单,可以说是联运提单中的一种特例。

(四)多式联运提单(Multi-modal Transport B/L;Inter-modal Transport B/L)

《联合国国际货物多式联运公约》规定:"国际多式联运是指按照多式联运合同,以至少两种不同的运输方式,由多式联运经营人将货物从一国境内接管货物的地点运到另一国境内指定交付货物的地点……的货物运输形式。"多式联运提单即承运人或多式联运经营人对采用国际多式联运方式的货物出具的提单。

多式联运提单主要适用于集装箱运输,由签发该提单的多式联运经营人对全程运输负责。提单的记载事项不仅包括起运港和目的港,而且通常列明一程、二程等运输路线,以及收货地和交货地。

多式联运提单有别于联运提单。联运提单通常由船公司签发,承运人仅对自己实际履行运输区段负责;而签发多式联运提单的既可以是作为多式联运经营人的海运区段承运人,也可以是其他运输区段的承运人,无论由谁签发,多式联运经营人要对全程运输负责。

**五、按提单的格式不同划分**

(一)全式提单(Long Form B/L)

又称繁式提单,是指正式印就格式的提单。全式提单既有正面记载的事项,背面又详细列有关于承运人、托运人之间权利、义务的条款,在国际贸易业务中广泛应用。

(二)简式提单(Short Form B/L;Simple B/L)

又称短式提单,是指只有正面必要的记载项目而没有背面条款的提单。一般在提单正面印有"简式"(Short Form)字样,以示区别。

简式提单多用于租船合同项下所签发的提单,提单上通常注有"所有条款与条件均根据×年×月×日签订的租船合同"(All terms and conditions as per charter party dated ××)。实践中,有些船公司为了简化制单工作,在班轮运输中也使用简式提单,这种简式提单上大多注有"各项条款及例外条款以本公司正规的全式提单所印的条款为准"(Subject to the terms and conditions, provisions and exceptions as contained in the carriers regular long form B/L)。

在法律上简式提单与全式提单具有同等效力,按照国际贸易惯例,银行可以接受简式提单。如《UCP600》第20条规定:"提单,……印有运输条款或者运输条款需参阅其他出处(即在简式或背面空白的提单下)。银行对运输条款的内容不予审核……"

**六、按船舶营运方式划分**

(一)班轮提单(Liner B/L)

是指由经营班轮运输的承运人或经其授权的代理人或船长签发给托运人的提单。实践中,集装箱运输中使用的"港至港"提单以及传统的件杂货班轮运输中使用的提单都是班轮提单。

(二)租船合同提单(Charter Party B/L)

又称租船合同项下提单,是指在租船运输中货物装上船以后,作为货主或承运人的承租人要求船东或船长根据租船合同签发的提单。

此类提单上通常注有"根据××租船合同开立"的字样,即在提单背面订有将租船合同并入该提单的"并入条款"。因为受租船合同的约束可能会导致额外风险的发生,因此受益人在向银行交单议付时,银行一般不愿接受。只有在开证行授权可接受租船合同项下的提单时,议付银行才会同意,但往往要求受益人提供租船合同副本。

《UCP600》第20条规定:"租船合同提单,表明其受租船合同约束的提单,……银行将不审核租船合同,即使信用证要求提交租船合同。"

**七、按收费方式划分**

(一)预付运费提单(Freight Prepaid B/L)

是指在签发提单之前或之后已预先支付了运费的提单。其上载有"运费预付"字样,在CIF、CFR价格条件下通常使用该类提单。

(二)到付运费提单(Freight to Collect B/L)

是指在货物运抵目的港之后,由收货人支付运费的提单。其上载有"运费到付"字样,在FOB价格条件下通常使用该类提单。

(三)最低运费提单(Minimum B/L)

是指对每一提单上的货物按起码收费标准收取运费所签发的提单。如果托运人托运的货物批量过少,按其数量计算的运费额低于运价表规定的起码收费标准时,承运人均按起码收费标准收取运费,为这批货物所签发的提单就是最低运费提单,又称起码收费提单。

**八、按签发提单的时间划分**

(一)倒签提单(Anti-dated B/L)

是指货物装船完毕后,应托运人的请求,承运人签发的以早于货物实际装船日期为签发日期的提单。

签发提单的日期是货物装船日期的证明。信用证一般规定货物的装船期限,当货物的实际装船日期晚于信用证规定的装船日期时,为了顺利结汇,托运人有可能要求承运人将提单的日期倒签,或者承运人由于自己的过错延误了货物装船的期限,而在货物装船后以早于货物实际装船日期为签发日期的提单,以掩盖逾期付运的事实。从法律角度而言,倒签提单的做法,掩盖了事实真相,是隐瞒迟期交货的侵权行为,要承担相应的责任。无论出于何种原因,虚假的装船时间一方面是对运输合同的违反,另一方面,由于国际市场中一些货物价格变动较大,交货时间往往对买方至关重要,特别是市场上货价下跌时,收货人可以以"伪造提单"为由拒绝收货,并向法院起诉要求赔偿,所以承运人签发倒签提单所承担的风险很大。

实践中,为了贸易需要,在一定条件下,比如签发倒签提单的货物是零星货物而不是数量很大的大宗货,或在倒签的时间与实际装船完毕时间的间隔不长等情况下,在取得托运人保证承担一切责任的保函后,承运人可以考虑签发。

(二)顺签提单(Post-date B/L)

是指货物装船完毕后,承运人或其代理人应托运人的要求,以晚于该票货物实际装船完毕的日期作为提单签发日期的提单。

提单的顺签是货物装船完毕的时间早于信用证规定的装运期时,托运人为了能顺利结汇,而向承运人申请将提单的签发日期向后延至规定日期的做法。

承运人签发顺签提单,掩盖了提单签发时的真实情况,要冒极大的风险,一旦产生争议,承运人不但要承担赔偿责任,而且会造成享受赔偿责任限制和援用免责条款权利的丧失。

(三)预借提单(Advanced B/L)

是指货物尚未装船或尚未装船完毕的情况下,托运人要求承运人或其代理人提前签发的已装船提单。

这种提单往往是当托运人未能及时备妥货物或船期延误,船舶不能按时到港接受货载,估计货物装船完毕的时间可能超过信用证规定的结汇期时,托运人采用从承运人那里借出提单用以结汇。

签发预借提单,对承运人的风险很大,由此引起的责任承运人必须承担。尽管托运人往往向承运人出具保函,但是这种保函不能约束收货人,可能构成承、托双方合谋对善意的第三者收货人进行欺诈。签发这种提单的后果:

1. 因为货物尚未装船而签发提单,即货物未经大副检查而签发清洁提单,有可能增加承运人的赔偿责任。

2. 签发提单后,可能因种种原因改变原定的装运船舶,或发生货物灭失、损坏或退关,很容易地使收货人掌握预借提单的事实,以欺诈为由向承运人索赔损失。

3. 不少国家的法律规定和判例表明,在签发预借提单的情况下,承运人不但要承担货损的赔偿责任,而且会丧失享受责任限制和援引免责条款的权利,即使该票货物是因免责事项原因受损,承运人也必须赔偿货物的全部损失。

比较而言,签发预借提单比签发倒签提单对承运人的风险更大,因为预借提单是承运人在货物尚未装船或者装船还未完毕时签发。我国法院对承运人签发预借提单的判例表明,不但由承运人承担由此而引起的一切后果,赔偿货款损失和利息损失,还要赔偿收货人向第三人赔付的其他各项损失。

## 【案例讨论】

1. 1991 年 12 月合丰公司和美国一公司签订了以 1992 年 1 月为装船日期的买卖合同。然而合丰公司直到 1992 年 2 月才将货物备妥,于当月 15 日装船。为了能如期结汇,合丰公司要求承运人按照 1992 年 1 月的日期签发提单并成功结汇。货物运抵纽约港后,收货人对装船日期产生怀疑。在查阅了航海日志后发现该批货物的实际装船日期是 1992 年 2 月 15 日。于是美国公司诉至法院,并扣留了该运货船舶。

讨论:本案中承运人是否承担责任?为什么?

2. 外贸公司 A 与英国 B 公司签订了一个国际货物买卖合同。信用证规定,装运期为 9 月 20~26 日。因 A 公司备货不及时,一直到 9 月 30 日才装上船。A 公司为了使提单符合信用证的要求以保证安全收汇,请求承运人在提单上填写 9 月 26 日作为装船日期。

讨论:承运人可否答应 A 公司的请求?为什么?

**【想一想】倒签提单、预借提单和顺签提单的区别?**

| 项目 | 货物装船情况 | 以提单签发日期 | 早于/晚于 | 实际装船完毕时间 |
| --- | --- | --- | --- | --- |
| 倒签提单 | 装船完毕后 | | 早于 | |
| 顺签提单 | 装船完毕后 | | 晚于 | |
| 预借提单 | 、尚未装船/未装完 | | 早丁 | |

**九、其他特殊提单**

(一)运输代理行提单(House B/L;Forwarder B/L)

是指货运代理人以无船公共承运人的身份在其经营活动中签发给货主的提单。

运输代理行提单是否具备提单的法律地位,在实践中有不同的看法。一般认为,运输代理行提单只是运输代理人收到托运货物的收据,而不是一种可以转让的物权凭证,故不能凭此向实际承运人提货。

《UCP500》规定,除非提单表明运输行作为承运人(包括无船承运人)或承运人的代理人出具的提单,或国际商会批准的国际货运代理协会联合会的运输提单可以被银行接受外,银行将拒收这种提单。而《UCP600》取消了《UCP500》中对货运代理人签发的运输单据的专门规定("不接受运输行出具的单据"),出单人的不加限制性表明了货运代理人地位的提高。

(二)合并提单(Omnibus B/L)

又称并提单,是指应托运人的要求,承运人将同一船舶装运的同一装货港、同一卸货港、同一收货人的两票或两票以上相同或不同的货物合并签发一套提单。

实践中,托运人或收货人为了节省运费,常要求承运人将本应属于最低运费提单的货物与其他另行签发提单的货物合并在一起只签发一套提单。

(三)并装提单(Combined B/L)

是指将两批或两批以上品种、质量、装货港和卸货港相同,但分属于不同收货人的液体散装货物并装于同一液体货舱内,而分别为每批货物的收货人签发的,其上加盖有"并装条款"印章的提单。

在签发并装提单的情况下,应在几个收货人中确定一个主要收货人(通常是其中批量最大的收货人),并由这个收货人负责分摊各个收货人应分摊的货物损耗。

(四)分提单(Separate B/L)

是指为了收货人提货的方便,承运人依照托运人的要求,将本来属于同一装货单上其标志、货种、等级均相同的同一批货物分开,分别签发的提单。

(五)交换提单(Switch B/L)

是指在直达运输的条件下,应托运人的要求,承运人在某一约定的中途港凭在起运港签发的提单另换发一套以该中途港为起运港,但仍以原来的托运人为托运人的提单。这种提单上经常注明"在中途港收回本提单,另换发以该中途港为起运港的提单"或"Switch B/L"字样。

当贸易合同规定以某一特定港口为装货港,而作为托运人的卖方因备货原因,不得不在这一特定港口以外的其他港口装货时,为了符合贸易合同和信用证关于装货港的要求,常采用这种变通的办法,要求承运人签发这种交换提单。

签发交换提单的货物,一般由同一艘船进行直达运输,只不过由承运人在中途港的代理人收回原在起运港签发的提单,另签发以中途港为货物起运港的提单而已。实际上船舶并没有挂靠中途港进行真正的转运,并且为了符合某种特定的要求,交换前后提单上的有些项目的记载与该货载的实际情况并不完全相同。这种不真实可能会导致进出口国有关当局的追究,还可能面临实际收货人拒收货物或者索赔。

(六)舱面货提单(On Deck B/L)

又称甲板货提单,是指对装于露天甲板上的货物签发的,并注明“装于舱面”(On Deck)字样的提单。

《UCP600》第26条规定:“……如果运输单据上注明货物装于或者将装于舱面,银行不接受,但声明货物可能被装于舱面,银行可以接受……”

(七)包裹提单(Parcel Receipt B/L)

是指对以包裹形式托运的货物而签发的提单。这是承运人根据贸易上的特殊需要而设定的一种提单。它只适用于少量货物或行李以及样品和礼品的运输。这类提单一般不能转让,并有相应的测量和计费规定。

# 项目二　提单正面记载事项及背面条款

## 【项目介绍】

不同国家、不同的航运公司,在提单的格式和文字上都各不相同,但大多数包括正面记载事项和背面条款两部分内容。有关提单的国际公约、各国海商法或其他国内法往往对提单正面应记载的事项加以规定。而各种提单的背面条款多少不一,内容不尽相同。本项目以国内常用的提单格式为例,介绍提单正面记载的主要内容、提单背面的条款。

## 任务2-1　了解提单正面记载事项

### 【任务分析】

本任务要求同学们掌握《海牙规则》、《汉堡规则》及我国《海商法》对提单法定记载事项的要求,了解提单上的一般记载事项、提单正面印就的文字条款的含义。

### 【相关知识】

#### 一、法定记载事项

提单的法定记载事项又称必要记载事项,是指根据有关提单的国际公约或国内法律的规定,必须在提单正面记载的关于货物和货物运输事项的内容,使提单具有证据效力。

(一)《海牙规则》的规定

《海牙规则》(Hague Rule)的全称是《1924年关于统一提单若干法律规定的国际公约》,该公约第3条第3款对提单的必要性记载事项做了以下规定:“在收到货物之后,承运人或船长

或承运人的代理人,应依照托运人的请求签发给托运人提单,其上载有:

1. 与开始装货前由托运人书面提供者相同,为辨认货物所需的主要标志;

2. 由托运人书面提供的包数或件数,或者数量,或者重量;

3. 货物的表面状况。”

(二)《汉堡规则》的规定

《汉堡规则》(Hamburg Rule)的全称是《1978 年联合国海上货物运输公约》,该公约第 15 条第 1 款对提单的必要性记载事项共列出了如下 15 项内容:“

1. 货物的品名、标志、包数或件数,或者重量或以其他方式表示的数量,如系危险货物,则对其危险性质的明确说明,这些资料均由托运人提供;

2. 货物的外表状态;

3. 承运人名称及其主要营业所所在地;

4. 托运人名称;

5. 托运人指定收货人时的收货人名称;

6. 海上运输合同规定的装货港,以及货物由承运人在装运港接管的日期;

7. 海上运输合同规定的卸货港;

8. 正本提单超过一份时的份数;

9. 提单签发地点;

10. 承运人及其代表的签字;

11. 收货人应付运费金额,或者应由收货人支付运费的其他说明;

12. 关于货物运输应遵守该规则各项规定,凡是与此相背离的,有损于托运人或收货人的条款均属无效的声明;

13. 货物应在或可在舱面装运的声明;

14. 经承运人与托运人明确协议的货物在卸货港的交付日期或期限;

15. 承运人与托运人约定的高于该规则的承运人责任限额。”

《汉堡规则》第 15 条第 3 款还规定:“提单漏列本条所规定的一项或多项,不影响该单证作为提单的法律性质,但该单证必须符合第 1 条第 7 款(提单定义)规定的要求。”

(三)中国《海商法》的规定

我国《海商法》第 73 条第 1 款规定:“提单内容,包括下列各项:

1. 货物的品名、标志、包数或者件数、重量或者体积,以及运输危险货物时对危险性质的说明;

2. 承运人的名称和主营业所;

3. 船舶名称;

4. 托运人的名称;

5. 收货人的名称;

6. 装货港和在装货港接收货物的日期;

7. 卸货港;

8. 多式联运提单增列接收货物地点和交付货物地点;

9. 提单的签发日期、地点和份数;

10. 运费的支付;

11. 承运人或者其代表的签字。

提单缺少前款规定的一项或者几项的,不影响提单的性质,但是提单应当符合本法第 71 条的规定。”

我国海商法与《汉堡规则》的规定类似,目前各船公司制订的提单其内容也与此相仿。如果逐项与第 71 条规定比较,除第 3 项船舶名称(在内陆签发多式联运提单)、第 8 项接收货物地点和交付货物的地点(签发海运提单)以及第 10 项运费的支付外,其他八项是必不可少的。

**二、一般记载事项**

提单正面除了法定记载事项之外,还包括承运人出于自身业务需要而记载的一般记载事项,又称任意记载事项。一般记载事项通常包括以下内容:

(一)属于承运人因业务需要而记载的事项

1. 航次顺号、提单编号;

2. 船长姓名、通知人;

3. 运费的支付时间和地点、汇率等。

(二)区分承运人与托运人之间的责任而记载的事项

1. 货物数量争议的批注;

2. 为了减轻或免除承运人的责任而加注的内容;

3. 为了扩大或强调提单上已印妥的免责条款;

4. 对于一些易于受损的特种货物,承运人在提单上加盖的以对此种损害免除责任为内容的印章等。

(三)承运人与托运人双方约定的记载事项

1. 承运人与托运人协议,同意将货物装于舱面;

2. 约定承运人在目的港交付货物的日期;

3. 同意提高承运人的责任限额或同意扩大承运人的责任;

4. 承运人同意放弃的某些免责。

**三、提单正面印就的文字条款**

提单正面通常还列记了一些以印刷的形式,将以承运人免责和托运人做出的承诺为内容的条款,这种带有声明性质的条款被称为确认条款和承诺条款。常见的有以下四项:

(一)外表状况良好条款

上述外表状况良好的货物或包装(除另有说明者外)已装在上述指定船上,并应在上述卸货港或该船所能安全到达并保持浮泊的附近地点卸货(Shipped on board the vessel named above in apparent good order and condition (unless otherwise indicated) the goods or packages specified herein and to be discharged at the above mentioned port of discharge or as near thereto as the vessel may safely get and be always afloat)。

(二)内容不知条款

说明货物重量、尺码、标志、号数、品质、内容和价值是托运人所提供的,承运人在装船时并未核对(The weight, measure, marks, numbers, quality, contents and value, being particulars furnished by the Shipper, are not checked by the Carrier on loading)。

(三)承认接受条款

说明托运人、收货人和本提单持有人明确表示接受并同意本提单和它背面所载一切印刷、书写或打印的规定、免责事项和条件(The Shipper, Consignee and the Holder of this Bill of Lading hereby expressly accept and agree to all printed, written or stamped provisions, exceptions and conditions of this Bill of Lading, including those on the back hereof)。

(四)签署条款

为证明以上各项,承运人或其代理人已签署各份内容和日期一样的正本提单,其中一份如果已完成提货手续,其余各份均告失效。要求发货人特别注意本提单中关于其货物保险效力的免责事项和条件(In witness whereof, the Carrier or his Agents has signed Bills of Lading all of this tenor and date, one of which being accomplished, the others to stand void. Shippers are requested to note particularly the exceptions and conditions of this Bill of Lading with reference to the validity of the insurance upon their goods)。

## 任务2-2　了解提单的背面条款

### 【任务分析】

提单背面的条款,主要是关于运输合同项下承运人和托运人双方权利、义务以及具体业务处理、费用负担等的说明。在不违反所适用的国际公约或国内法的前提下,提单背面的条款就是货物运输合同内容的证明。因各船公司提单的背面条款内容不尽相同,本任务要求同学们了解提单背面通常使用的条款。

### 【相关知识】

**一、定义条款(Definition Clause)**

定义条款是对提单有关用语的含义和范围做出明确规定的条款。该条款通常将托运人(Shipper)、受货人(Receiver)、发货人(Consignor)、收货人(Consignee)、提单持有人(Holder of B/L)以及货物所有人(Owner of the Goods)统称为"货方"(Merchant),其目的是试图使提单所证明的海上货物运输合同约束上述所有人。

**二、法律及管辖权条款(Law and Jurisdiction Clause)**

管辖权是指法院受理案件的范围和处理案件的权限。该条款规定,本提单或与本提单有关的一切争议应由何国法院根据什么法律审理。对提单产生的争议,通常规定由船东所在国法院行使管辖权。例如中远集运提单规定,本提单项下或与本提单有关的一切争议,均应根据中华人民共和国的法律加以裁定;凡是针对承运人的任何诉讼,均应提交上海海事法院或中华人民共和国其他海事法院审理。

在世界各国的司法实践中,提单管辖权条款的效力不尽相同。有的国家将其作为协议管辖处理,承认其有效;有的国家以诉讼不方便,或该条款减轻承运人责任等为理由,否认其效力,并根据本国诉讼法,主张本国法院对提单产生的争议案件的管辖权;还有国家采取(如我国)对等原则,确定其是否有效。

**三、首要条款(Paramount Clause)**

首要条款是指用以明确提单受某一国际公约或某国法律制约的条款。例如我国《海商法》实施前的中远提单规定:"有关承运人的义务、赔偿责任、权利及豁免应适用《海牙规则》。"

一般认为,在某一法律的强制适用范围内,首要条款的效力是将其所指引的国际公约或某国法律的规定纳入提单,使之成为提单合同条款的一部分,而合同本身则受该强制适用的法律调整。相反,如果提单不在某一法律适用范围内,则此种法律选择条款通常是有效的。在某种意义上,首要条款扩大了国际公约或国内法的适用范围。各国法院通常承认其效力。

**四、承运人责任条款(Carrier's Responsibility)**

该条款规定承运人在货物运送过程中所应承担的责任和免责事项。如果提单已订有首要条款,就无需另订承运人责任条款。本条款的具体内容一般根据提单适用的国际公约或国内法制定。

**五、承运人的责任期间条款(Period of Responsibility)**

该条款规定承运人所承担的货物运输责任的开始和终止时间。例如,承运人的责任自货物装上船之时起至货物卸下船之时止,承运人对货物装船前和卸船后发生的灭失或损坏不负责任。

**六、装货、卸货和交货条款(Loading,Discharging and Delivery)**

该条款主要规定托运人在装货港提供货物和收货人在卸货港提取货物的义务。一般规定托运人和收货人都应以船舶最快的装卸速度尽快地、昼夜无间断地提供或提取货物,并应对违反这一规定所引起的一切费用,如装卸工人待时费、港口使费、滞期费等承担赔偿责任。

**七、运费和其他费用条款(Freight and Other Charges)**

该条款通常规定,托运人或收货人应按提单正面记载的金额、货币名称、计算方法、支付方式和时间支付运费,以及货物装船后至交货期间发生的并应由货方承担的其他费用,包括与货物有关的各种税款。

**八、赔偿责任限额条款(Limit of Liability)**

关于承运人对货物灭失、损坏及迟延交付的赔偿限额及其计算方法的规定,通常是根据提单所适用的国际公约或者国内法的规定而制定。如果本条款所规定的赔偿限额低于提单适用的国际公约或者国内法规定的赔偿限额,则该条款所定的较低限额无效。

**九、留置权条款(Lien Clause)**

该条款主要规定承运人在未收到运费及其他有关费用时,可对货物行使留置权。例如,在托运人、收货人未付运费、亏舱费、滞期费和其他应付款项以及应分摊的共同海损的情况下,承运人有权留置货物及其有关单证,并有权出售或处分货物,如果出售货物所得不足以抵偿应收款项和引起的费用,承运人有权向托运人、收货人索赔差额。

**十、货物灭失或损坏的通知、时效(Notice of Loss or Damage,Time Bar)**

该条款是关于货物灭失或损坏向承运人提出索赔的通知时间及向法院起诉的期限的规定。条款中关于提出索赔通知的时间与诉讼时效的具体规定,一般根据提单所适用的国际公约或国内法的规定而制定。如适用《海商法》的提单,关于索赔通知的递交、诉讼时效分别适用于该法第81、82及257条的规定。

我国《海商法》第81条规定,承运人向收货人交付货物时,收货人未将货物灭失或者损坏的情况书面通知承运人的,此项交付视为承运人已经按照运输单证的记载交付以及货物状况良好的初步证据。货物灭失或者损坏的情况非显而易见的,在货物交付的次日起连续7日内,集装箱货物交付的次日起连续15日内,收货人未提交书面通知的,适用前款规定。货物交付时,收货人已经会同承运人对货物进行联合检查或者检验的,无需就所查明的灭失或者损坏的情况提交书面通知。

我国《海商法》第 82 条规定，承运人自向收货人交付货物的次日起连续 60 日内，未收到收货人就货物因迟延交付造成经济损失而提交的书面通知的，不负赔偿责任。

我国《海商法》第 257 条规定，就海上货物运输向承运人要求赔偿的请求权，时效期间为 1 年，自承运人交付或者应当交付货物之日起计算；在时效期间内或者时效期间届满后，被认定为负有责任的人向第三人提起追偿请求的，时效期间为 90 日，自追偿请求人解决原赔偿请求之日起或者收到受理对其本人提起诉讼的法院的起诉状副本之日起计算。

**十一、共同海损（General Average）**

该条款通常规定船舶发生共同海损后的理算地点，以及理算所依据的规则。多数船公司的提单规定，共同海损按《约克 · 安特卫普规则》理算。

**十二、新杰森条款（New Jason Clause）**

新杰森条款是关于货主参加共同海损分摊的条款，有的提单中把新杰森条款与共同海损条款合为一条。

**十三、互有过失碰撞条款（Both to Blame Collision Clause）**

由于美国处理互有过失的船舶碰撞与其他多数航运国家有不同的法律规定，各国船公司在其提单中列入本条款，以维护承运人根据提单应当享受的权利。

**十四、战争、瘟疫、冰冻、罢工、拥挤等（War, Quarantine, Ice, Strike, Congestion, etc.）**

该条款通常规定，如果发生战争、封锁、海盗、瘟疫、冰冻、罢工、港口拥挤以及其他非承运人所能控制的情况，造成船舶及其所载货物不能安全到达目的港卸货，承运人有权在装货港或任何其他安全和便利的港口卸货。在这种情况下发生的任何特殊费用由货方负担。

**十五、地区条款（Local Clause）**

该条款规定，进出美国港口的货物运输适用美国《1936 年海上货物运输法》。由于美国对经营该国班轮运输的外国船公司有这一强制性法律适用要求，所以这类船公司的提单中一般都列入本条款。其实质意义在于适用该法规定的承运人的赔偿责任限额，即每件或每一通常计费单位不超过 500 美元，但托运人在装船前已申报货物的性质和价值并在提单上注明的除外。

## 任务 2-3　了解集装箱提单的主要背面条款

### 【任务分析】

集装箱提单是集装箱货物运输下主要的货运单据，其种类很多，内容、格式繁多，其中有几个国家、几家船公司共同使用一种提单的，也有同一条船使用不同格式的提单。由于集装箱货物的交接地点不同，一般情况下，由集装箱堆场或货运站在收到集装箱货物后签发场站收据，托运人以此换取集装箱提单。它与普通货物提单的作用和法律效力基本相同。本任务要求同学们掌握集装箱提单背面区别于传统杂货提单的条款。

## 【相关知识】

### 一、承运人的责任期间

集装箱运输下,负责集装箱运输的承运人接货、交货地点往往是距离港口较远的内陆货运站或货主仓库,这样,普通船提单中对承运人规定的责任期限不再适用了。因此,集装箱提单将承运人的责任期限规定为"从收到货物开始至交付货物时止",以代替普通船提单下的"钩至钩原则"。如英国OCL公司的集装箱提单对承运人的责任期限规定为"承运人对自接货之时起至交货时止期间所发生的货损事故应承担责任"。

### 二、舱面货选择权条款

根据现行的海上运输法规定,如承运人将货物装载甲板运输,此种运输仅限于该种货根据航海习惯可装载甲板运输,或事先已征得货主的同意,并在提单上记载"装载甲板运输"(On Deck)字样。反之,如承运人擅自将货物装载甲板运输而导致货物损害,则构成根本违反运输合同的行为,随之运输合同中给予承运人的一切抗辩理由、免责事项等均无效,由此而产生的一切损失承运人必须负责赔偿。

但由于集装箱船舶构造的特殊性和经济性,要求有相当数量的集装箱装载甲板运输,通常,一艘集装箱船在满载时有30%左右的货箱装载甲板运输。然而,在实际业务中要决定将哪些货箱装载甲板运输是不可能的,因此,集装箱提单中规定了一条舱面货(甲板货)条款,规定装载舱面运输的集装箱与舱内集装箱享有同样权益。

现行集装箱提单中对甲板箱装载的选择权均由承运人来行使,而且在配装之前没有必要去征求货主意见,并且,即使因此产生配装载而带来的风险也由货主来承担。然而在实际航运业务中,货主为保护自己的利益也会因甲板箱装载的风险,在向船公司订舱时提出一些装载要求,如:集装箱不准配装甲板;集装箱必须装载舱内;集装箱应装载船舶水线之下;集装箱应防水、防潮;集装箱不应经受风雨;集装箱应防浪。

对于货主的上述托运指示,船公司或其代理一旦接受,就应满足货主的要求,否则一旦对货物造成灭失或损害,货主可以船公司根本违约而提出赔偿要求。但并非所有的船公司均认可并接受货主的托运指示,尤其是在舱位紧张的时候。因为没有运输指示的集装箱难以上船,如再接受有运输指示的箱子,除在配载上带来难度之外,也会带来装在舱内集装箱所没有的风险。针对货主的这种运输指示,也有的船公司会提出除按正常运费计收外另加一定的运费后才能满足货主要求。当然,由于货物的特性、种类差异,有的集装箱还必须装载甲板运输,如冷藏集装箱的插座大多位于甲板上而必须配载在甲板上;动物集装箱因喂食而必须装载甲板运输,而且需装载最外边以便于管理,也有利于通风和卫生清理工作;可燃、易爆的危险品集装箱也必须装载甲板运输,以便一旦意外及时采取措施。

集装箱运输舱面货选择权条款的应用,除集装箱船结构的特点,承运人便于配载和避免风险等原因外,其根本原因是一旦产生责任,责任由谁承担的问题。根据现行集装箱航运特点和船公司对甲板箱运输条款的理解,甲板箱舱面装载具有以下特点:

1. 船公司有权将任何货主的集装箱装载甲板运输,而事先不必征得货主同意。

2. 所签发的集装箱提单上不显示"装载甲板"字样,因为一旦显示"装载甲板"字样,有时结汇银行会将该提单认定是甲板货提单,而甲板货提单通常银行不办理结汇。

3. 件杂货提单中未将甲板货包括在货物范围内,因而一旦造成灭失或损失,通常承运人对此不承担任何责任,因而件杂货配装甲板运输对货主而言只有牺牲的义务,没有要求补偿的权利。如集装箱装载甲板也一如件杂货,既不符合集装箱船舶的运输经济效益,也不利于集装箱运输的发展,但又不能将装载甲板箱选择权任意由承运人来行使。对货主有托运指示的集装箱,承运人有权不接受,所以无论从哪一方面认识甲板箱装载,均有利于承运人。

4. 如承运人将集装箱装载甲板运输时属管货过失而致使甲板箱受损,承运人应承担赔偿责任。这一规定不仅有利于集装箱运输的发展,而且也平衡了承运人与货主之间的利益。

5. 一旦发生共同海损,甲板箱可得到补偿。

**三、承运人的赔偿责任限制**

是指承运人对每一件或每一货运单位负责赔偿的最高限额,各国的法律和船公司的提单对承运人的赔偿责任限制都有明确规定。

多年来的司法实践认为,为了确保承运人确实得到提单或有关法律、公约规定的责任限制的保护,提单就必须给予发货人足够的申报货物价值的机会,当然发货人必须支付额外的费用。为此提单不但在背面条款做了责任限制的规定,而且通常又在提单正面印制了要求注意责任限制条款和可以申明货物价值的栏目。一旦填写了有关栏目,承运人的赔偿责任将以该声明的货物价值作为赔偿的基础,而不是提单所规定的责任限制。如果这些栏目是空着的,则表示发货人放弃声称货物价值的权利,并接受提单所规定的责任限制。

比如:原中国远洋运输总公司集装箱提单规定,承运人对货物的灭失、损害的赔偿责任限制为每件 700 元人民币,该规定今日看来是过于偏袒承运人,同时也不符合当今货物运输市场及海事法律发展的要求。因此,原中远集装箱提单自 1998 年开始,已改为以“中远集装箱运输有限公司”为抬头的提单,并且由于提单适用中国《海商法》,因此承运人的赔偿责任限制按照中国海商法的规定予以计算。

**四、制约托运人的责任条款**

(一)发货人装箱、计数或不知条款

《海牙规则》规定如承运人、船长或其代理人有适当依据怀疑货物的标志、号码、数量、重量不能确切代表其实际收到的货物,或无适当的方法进行检验,便没有必要在提单上将其注明或标明。根据《海牙规则》的这一规定,承运人可以在提单上拒绝载明箱内货物的详情。但是如果提单上缺少此项记载,议付行将拒绝接受,从而影响提单的流通性。因此,实际业务中承运人不得不根据货主提供的内容在提单上予以记载。另一方面,如果承运人默认了货主提供的集装箱箱内的件数,则会在能否享受最高赔偿限额等责任限制方面带来不利。故承运人在根据货主提供的内容如实记载于提单的同时,又加上“发货人装箱、计数”或“不知条款”的批注,以达到最大限度免责的目的。

(二)铅封完整交货条款

集装箱提单中这一条款的规定仅适用于整箱货交接,即承运人在铅封完整下接货、交货,业已认为承运人完成货物运输,并解除所有责任。因此,从某种程度上说,集装箱运输下的整箱货交接是以铅封完整与否来确定承运人责任的。如货物受损人欲提出赔偿要求,不仅需举证说明,还应根据集装箱提单中承运人的责任形式来确定。

(三)货物检查权条款

是指承运人在任何时候都有权利但没有义务将集装箱开箱检验,核对其所装载的货物。经过查核,如发现所装载的货物全部或一部分不能适合运输,承运人有权对该部分货物放弃运输,或是在由托运人支付合理的附加费后完成这部分货物运输,或存放在岸上或水上具有遮蔽的或露天的场所,这种存放业已认为按提单交货,即承运人的责任已告终止。

集装箱提单上订有货物检查权条款,是为了承运人对箱内货物的实际状况有怀疑或积载不正常时启封检查。承运人在行使这一权利时,无需得到托运人的预先同意,一般来说,对由货主自己装载的集装箱启封检查时,原则上应征得货主同意,其费用由货主负担。

(四)海关启封检查条款

根据《国际集装箱海关公约》的规定,海关有权检查集装箱,因此,集装箱提单中都规定:"如果集装箱的启封是由海关当局因为检查箱内货物内容打开而重新封印,由此而造成任何货物灭失、损害以及其他后果,本公司概不负责。"在实际业务中,尽管提单条款做了这样的规定,承运人对这种情况还应做好记录,并保留证据,以免除责任。

(五)发货人对货物内容准确性负责

集装箱提单中所记载的内容,通常由发货人填写,或由负责集装箱运输的承运人或其代理人根据发货人所提供的有关托运文件制成。在集装箱运输经营人接受货物时,发货人应视为他已向承运人保证,他在集装箱提单中所提供的货物种类、标志、件数、重量、数量等均准确无误,若系危险货物就说明其危险特性。

如货物的损害系发货人提供的内容不准确或不当所致,发货人应对承运人负责,即使发货人已将提单转让他人也不例外。集装箱货物由货主自行负责装箱时,货主对承运人造成的损害负责赔偿。

**五、危险货物运输**

运输集装箱危险品时,对货物托运人来说,必须在货物外表刷上清晰的、永久性的货物标志,并能提供任何适用的法律、规章以及承运人所要求的文件证明。集装箱提单条款规定:

1. 承运人在接受具有爆炸性、易燃性、放射性、腐蚀性、有害性、有毒性等危险货物时,只有在接受由货主为运输此种货物而提出的书面申请时才能进行。

2. 承运人或其代理人对于事先不知其性质而装载的具有易燃性、爆炸性以及其他危险性的货物,可在卸货前任何时候、任何地点将其卸上岸,或将其销毁,或消除其危害性而不予赔偿。该货物的所有人对于该项货物所引起的直接或间接的一切损害和费用负责。

3. 如承运人了解货物的性质,并同意装船,但在运输过程中对船舶和其他货物造成危害可能时,也同样可在任何地点将货物卸上岸,或将其销毁,消除危害性而不负任何责任。

**六、承运人的运价本**

由于集装箱运输的特点,特别是涉及有关集装箱运输术语、具体交接办法、计费方法、禁运规定以及交货方式等问题,均无法一一在提单上列举说明,这时则需要运价本补充予以详述。在国际货运业务中,各船公司一般均将运价本的主要条款装订成册,必要时对外提供,以弥补提单条款规定之不足。集装箱提单中有关承运人的运价本是提单的组成部分,运价本与提单发生矛盾时,以提单为准。实践中,有些船公司的提单还规定,对那些未并入运价本的其他有关收费的新规定也都并入提单。

## 【案例讨论】

A公司按CFR条件、即期不可撤销信用证支付方式,以集装箱装运出口成衣350箱,采用CY to CY交付方式。货物交运后,A公司取得清洁的已装船提单,提单上标明:Shipper's load and count。在信用证规定的有效期内,A 公司及时办理了议付结汇手续。20 天后,接买方来函称:经有关船方、海关、保险公司、公证行会同对到货开箱检验,发现其中 20 箱包装严重破损,每箱均有短少,共缺成衣 512 件。各有关方均证明集装箱外表完好无损。为此,买方要求 A 公司赔偿其货物短缺的损失,并承担全部检验费共计 2 500 美元。

讨论:买方的要求是否合理?为什么?

# 项目三　提单业务

## 【项目介绍】

提单是海上货物运输中最重要的单据,一直以来围绕提单进行的业务活动都是航运界乃至整个国际贸易界关注的焦点。本项目主要介绍提单的签发与转让、提单的更正与补发、无单放货及海运保函业务。

## 任务 3 -1　掌握提单的签发与转让

### 【任务分析】

提单的签发和转让,对海上货物运输和国际贸易非常重要,它是涉及提单各关系人的实践性较强的业务活动。本任务要求同学们掌握实践中谁有资格签发提单,通常签发提单的时间、地点和份数,提单通过什么方式转让。

### 【相关知识】

#### 一、提单的签发

我国《海商法》第 72 条规定:"货物由承运人接收或者装船后,应托运人的要求,承运人应当签发提单。提单可以由承运人授权的人签发。提单由载货船舶的船长签发的,视为代表承运人签发。"

(一)提单的签发人

1. 承运人

承运人接收货物或者装船后,在托运人的要求下应当签发提单,承运人不得无故拖延提单的签发。这是我国《海商法》对承运人签发提单义务的规定,表明了承运人签发提单的义务是法定的,具有法律强制性,与有关海上货物运输的国际公约和各国相关立法基本一致。至于承运人应当为托运人签发何种类型的提单,我国《海商法》并未规定,通常取决于托运人的意思表示。由此看来,承运人签发提单也是履行运输合同义务的行为。

2. 承运人授权的人

承运人授权的人通常是他的委托代理人,其签发提单的权利完全基于承运人的授权。未经授权,代理人无权签发提单。

3. 船长

除承运人本人外,提单可以由载货船舶的船长签发。除非承运人事先明确做出相反说明,否则载货船舶的船长签发提单的,视为代表承运人签发。

几乎所有国家的法律都认为船长是承运人的法定代理人,其签发提单无需经过承运人的授权,即船长所签提单与承运人签发的提单具有同等的法律效力,甚至在承运人明确指示对船长签发提单的权力予以否定的特殊情况下,如果船长仍然签发了提单,并且提单持有人不了解这种指示,此时提单对承运人仍具有约束力。

(二)提单的签发地点和签发日期

提单签发的地点通常是货物的装船港。提单的签发日期通常是货物实际装船完毕的日期,与大副签署的收货单日期相一致。提单是根据大副签署的收货单,在与提单记载的各项内容核对无误后签发的。若收货单上有批注,提单签发人应如实将其转批在提单上。

在国际贸易实践中,提单签发的日期非常重要,因为信用证中有货物装船期限的规定,如果货物装船时间超过信用证的规定,银行将拒付货款。如果提单签发日期提前于货物实际装船完毕日期,甚至货物未装船就签发已装船提单,即签发倒签提单或预借提单,承运人可能构成对第三者收货人的欺诈,需承担收货人由此产生的损失。

在集装箱班轮运输业务中,在承运人接收货物尚未装船的情况下,可以签发收货待运提单。当货物装船完毕后,托运人可以将收货待运提单退还承运人,换取已装船提单。承运人也可在收货待运提单上加注承运船舶的船名和装船日期以转化为已装船提单,这时提单上会有两个日期,即提单的签发日和货物装船日,两者可以一致,也可不一致。当不一致时,以货物装船日为准,只要货物装船日不晚于信用证规定的装运期,就算单证相符。

(三)提单的份数

提单有正本提单和副本提单之分。如果没有专门的说明,提单即指正本提单。副本提单只用于日常业务,不具有法律效力。

正本提单通常一式几份,以防提单遗失、被窃或迟延到达。业务实践中通常允许签发数份正本提单,并且各份正本提单具有同等法律效力,但以其中一份提货后,其他各份自动失效。为了使提单的合法受让人了解全套正本提单的份数,防止流失在外引起纠纷,保护提单持有人的利益,签发正本提单的份数应分别载于所签发的各份正本提单上。

副本提单的份数视需要确定。虽然它没有法律效力,不能据以提货,但却是装运港、中转港及目的港的代理人和载货船舶不可缺少的补充货运文件,可以补充舱单上不足的内容和项目。

**二、提单的转让**

提单所代表的物权可随提单的转让而转移。提单的转让有一定的条件,比如我国《海商法》第79条规定,“……指示提单通过记名背书或空白背书转让,不记名提单无需背书即可转让”。据此,提单转让分为两种情况,即背书加交付转让和交付转让。

提单的转让受时间上的限制,提单持有人只有在办理提货手续前转让提单才有效。指示提单通过背书并交付转让,不记名提单通过交付转让,否则不发生法律效力。交付转让即提单占有权的转移。背书转让是指转让人在提单的背面写明受让人名称,并签名的转让手续。按照背书的方式不同,可分为三种形式:

(一)记名背书

是指背书人(转让人)在提单背面写明被背书人(受让人)的姓名,并由背书人签名或盖章的背书形式。

(二)指示式背书

是指背书人在提单背面写明“Deliver to Order of ×××”字样,并不写明特定受让人,由背书人签名或盖章的背书形式。指示式背书中,提单的背书人重新指定了一个指示人,将指示人的权利交给他人的做法。

(三)空白背书

是指仅由背书人在提单背面签署自己的名字或盖章,而不注明任何被背书人名称的背书形式。

**【想一想】经记名背书的指示提单能再次背书转让吗?经空白背书的指示提单可以再次转让吗?**

经记名背书的指示提单还是指示提单,被背书人可以将提单上的权利以相应的背书方式再次转让;经空白背书的指示提单称为不记名提单,拥有提单的持有人无需背书既可转让提单上的权利。

**【议一议】指示提单背书交付的效力?**

指示提单背书交付的对内效力:按照我国《海商法》的规定,指示提单须经过背书并交付转让,因此,就指示提单而言,有权提取货物并依据提单向承运人提出货损索赔的应为通过连续背书合法取得并持有提单的收货人。

指示提单背书交付的对外效力:指示提单经合法背书交付即对承运人也发生法律效力,承运人只需也只能向受让人履行提单项下的合同义务并承担义务不履行的责任。

## 任务3-2 了解提单的更正与补发

**【任务分析】**

提单一经签发,即具有法律效力,未经承运人或其代理人确认的任何更改都是无效的,实践中为了确保提单符合信用证的规定,托运人有权要求承运人或其代理人更正提单的内容,以避免产生提单不符点。如果正本提单不慎遗失,托运人要求承运人补发提单时,承运人应视不同情况分别予以处理。本任务要求同学们了解有关提单更正、补发的基本知识。

**【相关知识】**

**一、提单的更正**

(一)提单签署前的更正

提单通常是在托运人办妥托运手续后,货物装船前,在缮制有关货运单证的同时缮制的。在货物装船后,这种事先缮制的提单可能会因下列原因的出现,使托运人提出更正提单的要求,通常承运人或其代理人都会同意:

1. 事先缮制的提单与实际装载情况不符;

2. 货物装船后,托运人发现申报材料的错误;

3. 信用证要求的条件有所变更;

4. 其他原因。

(二)提单签署后的更正

托运人提出更正已签发正本提单的要求,应在船舶开航之前办理,以减少因更改提单所产生的费用和手续,同时也为了避免与相应的舱单等单证文件的内容发生不符。

在船舶开航后,当托运人提出更正已签发正本提单上的卸货港,唛头,货物品名,货物的件数、数量和体积,货物的包装形式、交货条件以及其他涉及承运人利益的条款等内容时,通常要填写提单更正申请书并支付改单费,如承运人考虑各方面的关系后同意更正的,应收回原来所签发的提单。提单更正后要在舱单上做相应的更改,同时立即电告船长进行相应的更改,以使提单与舱单一致。

(三)注意事项

1. 必须在全套正本提单上进行更正,每份提单上更改不得超过3处,否则必须重新签发;

2. 提单流转过程中提单持有人提出的更正提单的要求不予接受;

3. 是否同意更改提单及更正程序的确定必须符合当地法律法规的规定,尤其是海关的规定。

**二、提单的补发**

如果正本提单不慎遗失,托运人要求承运人补发提单时,承运人应视不同情况分别予以处理。

(一)提单在结汇前遗失

这时应由托运人提供书面担保,即"正本提单遗失,重新签发提单担保函",盖发货人及订舱公司的正本公章,并按要求提供相应的保证金;有些船公司还要求托运人在全国有影响的报纸上申明正本提单遗失;经承运人或其代理人同意后补签新提单并另行编号。同时把有关情况转告承运人在目的港的代理人,并声明原提单作废,以免发生意外纠纷。

(二)正本提单结汇后,在寄送途中遗失

这种情况一旦发生,收货人可在目的港凭副本提单和具有信用的银行出具保证书提取货物,并依照一定的法定程序声明提单作废,而无须另行补发提单。

## 任务3-3　掌握无单放货及海运保函业务

### 【任务分析】

随着航运事业的发展变化,为了满足跟单信用证对提单的要求,装货港出现了凭保函签发清洁提单及卸货港凭保函要求承运人交付货物的变通方式,但是自海运保函产生以来,其在名称和性质上就存在着争议,我国《海商法》也没有明确规定。在航运实践中对海运保函的法律效力问题逐渐形成了较为一致的看法和操作方法。本任务要求同学们掌握无单放货的定义、法律后果及应对措施以及在实务中对保函的处理方式。

## 【相关知识】

### 一、无单放货

(一)无单放货的含义

无单放货又称无正本提单交付货物,是指承运人或其代理人在收货人未提交正本提单情况下,交付所承运货物的行为。

实践中,无单放货主要是由于押汇、结汇时间较长,或提单邮寄延误(装卸港之间距离较短)、提单遗失或被窃等原因,造成正本提单不能在船舶抵达卸货港之前转到收货人手中。

按照国际航运惯例,承运人有义务在约定的卸货港凭正本提单交付货物。尽管凭正本提单提货是国际海运的基本原则,但是为了解决正本提单未到与收货人急需货物的矛盾,减轻无单放货对承运人、收货人的负面影响,航运实践中出现了承运人凭提货人的副本提单加保函等善意交货的方法。

(二)无单放货的法律后果及应对措施

承运人在未收回正本提单情况下交货于人,所造成的损失完全由承运人承担,属于保险公司和船东互保协会的除外责任。

鉴于无单放货法律后果的严重性,实践中承运人在处理无正本提单交付货物时,可相对采取以下必要措施,以保护自身利益。

1. 应托运人要求"电放"

为了使收货人可以在某些无法及时取得提单而船公司又不愿意凭保证书交付货物的情况下能及时提取货物,实践中产生"电放"的做法,即托运人在提单延误的情况下,将承运人或其代理人所签发的全套正本提单交回承运人或其代理人,同时指定收货人(非记名提单的情况下),承运人授权(通常是以电传、电报等通信方式通知)其在卸货港的代理人,将货物交给托运人指定的收货人。

电放行为作为航运界多年来所形成的一种习惯做法,使得承运人可以根据托运人的指示,不凭正本提单即可放货。其产生的基础是买卖双方良好的信誉和合作关系,托运人相信货款肯定能够收回,但以信用证或者托收为付款条件的情况不适合用电放操作。

对于承运人而言,只要能证明给其发出电放指示的主体是本票货物的托运人即可。另外,船公司会要求托运人和收货人出具一份保函,保证电放造成的一切问题与其无关。

2. 凭银行的提货担保书交付货物

收货人在未收到正本提单的情况下,可要求其开户行或者开证行出具银行提货担保书,以便要求承运人交付货物。其内容通常包括:"因本行×××号信用证项下提单尚未收到,请承运人准许收货人凭此担保书先行提取货物。因承运人未凭正本提单交付货物遭受的损失,由收货人负赔偿责任,且本行保证上述承诺之履行。"实践中,收货人收到正本提单后,应立即交还承运人以换回此担保书。银行开具的提货担保书相对于公司保函,更容易为承运人接受。采用这种方式,收货人虽然能提早拿到货物,但由于收货人需向开证银行提供100%的货价保证金,才能得到其向承运人出具的提货担保书,因此会占用收货人的资金,不利于资金周转。

承运人实际收回提单以前,虽然可以根据提货担保书将因无提单交货而发生的损失转嫁给收货人或担保银行,但对正当的提单持有人仍负有赔偿一切损失的风险。因此,承运人一定要尽可能早日收回正本提单。

处理无单放货会遇到不同的情形,承运人可针对不同情况采取不同的做法。但无论如何,慎重是首要的原则,承运人要尽量争取到充分可靠的担保,减少自己所承担的风险和责任。

## 二、海运保函业务

海运保函(Letter of Indemnity)是承运人与保函出具人之间所订立的一种特殊的担保协议,广泛地运用于航运实践中,对航运和国际贸易的发展起到了一定的积极作用,解决了航运和贸易之间的矛盾。

### (一)海运保函的形式

在航运实践中,根据海运保函的出具人及保证事项的不同,有多种不同性质的保函,大体可分为三种,即债务人自己出具的保函、第三人出具的保函、债务人和第三人共同出具的保函,本部分仅介绍通常由债务人自己出具保函的情况。

1. 托运人为换取清洁提单而出具的保函

是指托运人为了换取清洁提单而向承运人出具的,声明由其承担因承运人签发清洁提单而产生的一切责任的担保文书。

2. 收货人为请求凭副本提单提货而出具的保函

当船抵达目的港而正本提单未到时,为了及早提货,收货人往往以自己的名义出具保函,请求凭副本提单提货,并保证承担承运人因无正本提单放货而发生的任何责任。此时的海运保函,是收货人和承运人之间达成的一项由收货人附条件在一定范围内向承运人赔偿损失的协议,是一种赔偿担保书。

### (二)海运保函业务

1. 凭保函签发清洁提单

凭保函签发清洁提单,是托运人向承运人提交一份以承担因签发清洁提单而发生的一切责任为内容的保函,要求承运人不要将收货单上的不良批注转批到提单上,而是签发清洁提单以便顺利结汇。此种变通做法是为了避免因一些经常出现的、估计损失不大的有关货物外表状况、数量的争议影响正常的货运程序,而由托运人出具保函承担可能发生的责任,将争议留待日后解决的做法。这一做法违反了单证的表示不得虚假的原则。根据许多国家的法律规定,都有使保函无效的危险,因此,承运人接受保函签发清洁提单须特别审慎。

关于保函的法律效力,1978 年《汉堡规则》对此做出了明确的规定,即:

(1)保函是承运人与托运人之间的协议,不得对抗善意第三方;

(2)保函在承运人与托运人之间原则上有效,以是否"有意欺诈"第三方作为依据,即在该保函具有明显欺诈善意第三方意图时无效;

(3)接受保函签发清洁提单如构成对善意第三方的有意欺诈,或恶意串通损害第三人利益的,则保函在托运人和承运人之间不仅无效,而且承运人在赔偿善意第三方的损失时将丧失享受责任限制的权利,而且无权向托运人进行追偿。

可见,保函效力问题的关键切入点在分清保函和欺诈的关系和界限,即保函是否存在效力,取决于该保函是否存在欺诈。

在海上货物运输中,凭保函签发清洁提单一般有以下两种情况:

(1)当托运人与承运人之间就货物的数量、重量或包装问题上存在分歧时,如承运人怀疑托运人提供的情况有问题,但又没有合适的方法加以检查,或者承运人认为货物的包装不适合长途运输,而托运人这时已不可能另换包装,承运人会要求托运人出具保函,以保护承运人的利益，否则承运人就在提单上记入不利于托运人的批注。

此情况下的保函，对收货人不存在隐瞒事实的问题，只是为了使货物及时出口的变通做法。因此，各国法律一般都认可其效力。

(2)托运人为了某种个人目的，要求承运人在货物表面状况有严重瑕疵的情况下，在提单上记入与实际货物情况不一致的内容，或签发倒签提单、预借提单及顺签提单，承运人为了保护自己的利益而要求托运人出具保函。此情况下的保函，均构成对善意第三方的共同欺诈，在法律上是无效的。

另外，如果承运人接受了托运人的要求，凭保函签发了清洁提单，除保存保函正本以备日后作为追偿的依据外，还应将大副批注记载于载货清单或载货运费清单上，并写明根据保函签发清洁提单，然后连同保函副本分送船舶和船公司在卸货港的代理人，供将来处理索赔之用。

2. 凭提货人的公司保函交付货物

凭公司保函交付货物是一种使收货人在尚未收到正本提单时，向承运人或其代理人提取已抵港货物，承运人迅速完成货物交付的航运习惯做法。

航运实践中，公司保函一般包括：收货人保证在收到正本提单后，立即向船公司或其代理人交回并承担应由其支付的运费及其他费用的责任。同时，对因未交正本提单而提取货物所产生的一切损失，由收货人承担责任。凭公司保函交付货物，可以加快船、货流转速度，但也可能侵犯真正提单持有人的合法权益。

关于这种保函的法律效力，国际上普遍认为：

(1)保函在承运人与凭正本提单请求提货的人之间无效，承运人不能用保函对抗第三方正当的提单持有人。如果承运人凭保函将货物交给请求提货的人后，出现持有正本提单的持有人请求提货，承运人对该提单持有人因无法提货而遭受的损害承担赔偿责任。

(2)保函在承运人与出具保函的提货人之间有效，即承运人在赔偿正当的提单持有人的损害后，可依据保函向出具保函的提货人追偿。

承运人对接受此类公司保函必须谨慎处理。只有收货人与承运人经常从事业务往来、交往密切并信誉良好，且对货物的所有权不容置疑，承运人才能接受。否则，承运人应要求收货人提交银行开具的提货担保书。

## 【案例讨论】

1. 1997 年 4 月，我国 T 公司向荷兰 M 公司出售一批纸箱装货物，以 FOB 条件成交，目的港为鹿特丹港，由 M 公司租用 H 远洋运输公司的货轮承运该批货物。同年 5 月 15 日，该合同货物在青岛港装船。船方在接收货物时，发现其中有 28 箱外表有不同程度的破碎，于是大副在收货单上批注“该货有 28 箱外表破碎”。当船方签发提单，欲将该批注转提单时，卖方 T 公司反复向船方解释说买方是老客户，不会因一点包装问题提出索赔，要求船方不要转注收货单上的批注，同时向船方出具了下列保函：“若收货人因包装破碎货物受损为由向承运人索赔时，由我方承担责任。”船方接受了上述保函，签发了清洁提单。该货船起航后不久，接到买方 M 公司的指示，要求其将卸货港改为法国的马赛港，收货人变更为法国的 F 公司。经过一个多月的航行载货船到达马赛港，船舶卸货时法国收货人 F 公司发现该批货物有 40 多箱包装严重破碎，内部货物不同程度受损，于是以货物与清洁提单不符为由，向承运人提出索赔。后经裁定，向法国收货人赔偿 20 多万美元。此后，承运人凭保函向卖方 T 公司要求偿还该 20 多万美元的损失,但T公司以装船时仅有28箱包破碎为由,拒绝偿还其他十几箱的损失。于是承运人与卖方之间又发生了争执。

讨论:我国T公司、荷兰M公司、承运人之间的利益损失纠纷该如何处理?

2. 2006年5月3日,中国甲公司与乙公司订立木材买卖合同,甲公司支付了2/3的货款,尚欠1/3货款。6月17日甲公司将木材转卖给丙公司,签订一份原木购销合同,约定丙公司向甲公司购买木材,甲公司在上海港装卸区码头舱底交货,甲公司负责通知港区、理货等有关部门,明确丙公司为实际买主,便于丙公司参与接船及费用结算,甲公司提供担保确保丙公司获得正本提单等。丙公司支付定金时,甲公司未提交正本提单,但甲公司保证,不管有无正本提单,丙公司都能提到货物。

7月25日,货物由D轮承运,卸货港是上海港,承运人签发了五套清洁提单。D轮到达上海港后,甲公司和丙公司共同向D轮的船长出具保函称,因提单尚未到达,要求船方先将货物交给甲公司,甲公司承担船方因无单放货所遭受的损失。其后,涉案货物由丙公司提取,丙公司陆续向甲公司付清了原木购销合同下的全部货款。但甲公司一直未付清欠款,也未取得正本提单。乙公司将甲、丙公司诉至法院,请求法院判处两公司无单提货侵权损害赔偿。

讨论:乙公司的请求是否合理?本案损失应由谁承担?

**【测一测】单项选择题**

1. 根据我国《海商法》的规定,当提单上存在一个有效的________条款时,提单在善意第三人与承运人之间,是承运人按提单上记载事项收到货物的________证据。

A. 责任终止/绝对　　B. 不知/最终　　C. 责任终止/初步　　D. 不知/初步

2. 根据我国《海商法》的规定,________提单的流通性最强。

A. 简式　　B. 倒签　　C. 不记名　　D. 已装船

3. 货物还未装船或还未装船完毕,而信用证的有效期即将届满,承运人提前签发的符合信用证要求的已装船提单被称为________。

A. 预借提单　　B. 倒签提单　　C. 顺签提单　　D. 过期提单

4. 当货物装船完毕后,船方签发的早于该货装船完毕日期的提单被称为________。

A. 预借提单　　B. 顺签提单　　C. 倒签提单　　D. 过期提单

5. 不清洁B/L是指________。

A. 载有“重量不知”批注的B/L

B. 提单上有墨迹等

C. B/L上载有货物外表状况不良批注

D. 提单正面载有“旧箱、旧桶”批注

6. 根据我国《海商法》的规定,有权签发提单的人有________。①承运人;②理货长;③承运人授权的人;④船长

A. ①②③④　　B. ①②③　　C. ①②④　　D. ①③④

7. 提单由载货船舶的船长签发时,其效力________。

A. 低于承运人本人签发的提单

B. 与承运人本人签发的提单具有相同的效力

C. 法律上无明确规定

D. 与承运人的船舶代理人签发的提单具有相同的效力

8. 在货物装船且已签署了提单后，托运人提出更正提单的要求，更正提单产生了费用后，该费用应由________负责支付。

A. 承运人　　　　B. 托运人

C. 承运人与托运人共同　　　　D. 收货人

9. 由于某种原因，船舶开航后托运人提出更改提单要求，则这种更改提单的要求，需________。

A. 承运人同意，无需通知船长　　　　B. 承运人同意，并通知船长

C. 船长同意，且应通知承运人　　　　D. 船长与承运人共同决定

10. 如果提单在结汇前由托运人遗失并申请补发，则关于承运人的做法中正确的是________。

A. 应收回原签发提单副本，并同意补发

B. 应同意补发，并通知收货人

C. 若同意补发，应由托运人提供书面担保，并通知目的港的代理人

D. 无需补发

11. 承运人签发________ B/L 要承担风险。①转船；②倒签；③预借；④顺签

A. ②③④　　B. ①②③　　C. ①②③④　　D. ①③④

12. ________一般是 B/L 正面印就的文字条款。①外表状况良好条款；②内容不知条款；③质询条款；④签署条款。

A. ②③④　　B. ①②③　　C. ①②③④　　D. ①③④

13. 根据我国《海商法》的规定，当承运人知道或者有合理的根据怀疑提单记载的货物与实际接收的货物不符时，常在提单上加注________条款。

A. 质询　　B. 不知　　C. 免责　　D. 互有过失

14. 下列属于清洁提单的是________。①承运人在提单上加注了“由于货物的包装不良导致的货损不负责任”的提单；②在提单上加注了留置权条款的提单；③在提单上加注了托运人的包装有旧桶的提单；④批注三包破损的提单

A. ②③　　B. ①②③④　　C. ①②③　　D. ①③

15. 以下哪些提单托运人可以顺利结汇？________。①收货待运提单；②倒签提单；③顺签提单；④符合信用证规定的甲板货提单

A. ②③④　　B. ①③　　C. ①④　　D. ①③④

16. 在承运人接受保函而签发清洁提单的情况下，若由于保函担保的事项导致收货人索赔时，________。

A. 承运人无赔偿义务　　　　B. 托运人无赔偿义务

C. 承运人和托运人均无赔偿义务　　　　D. 损失只能由收货人自行承担

17. 托运人用保函换取清洁 B/L 是国际海运业通行的做法，因此，船方在接受保函时，________。

A. 应谨慎从事　　　　B. 不必有任何顾虑

C. 应把接受保函的情况记在 B/L 上　　　　D. 到港卸货时，将保函交给收货人

18. 承运人接受保函而签发了清洁 B/L，则对该做法承担风险的是________。

A. 承运人　B. 托运人　C. 收货人　D. 提单持有人

19. 在“善意纠纷”下,承运人接受保函签发了清洁 B/L,保函可认为是一种保证赔偿的协议,但它的法律效力仅约束________与________。

A. 承运人/收货人　B. 托运人/收货人

C. 承运人/托运人　D. 承运人/提单持有人

20. 某船于某年 12 月 15 日装货完毕,承运人在装完后,签发给托运人的 B/L 上的日期为某年 12 月 10 日,这种 B/L 是________。

A. 预借 B/L　B. 倒签 B/L　C. 提前 B/L　D. 顺签 B/L

# 模块四　租船运输业务

**【知识目标】**

- 掌握租船运输概念、特点及表现形式
- 了解租船合同订立的程序和常用租船合同范本
- 熟悉航次租船相关业务
- 熟悉定期租船相关业务

**【能力目标】**

- 知道各种租船运输方式与班轮运输的区别
- 知道航次租船中船舶说明、预备航次、受载期与解约日、安全港、货物、装卸时间、滞期与速遣、租约下提单等条款的内容；能使用相关条款估算装卸时间
- 知道定期租船与航次租船的区别；知道船速与燃油消耗量、交还船、航行区域、货物、停租、租金支付与撤船、转租的内容

**【问题导入】**

远洋运输具有运量大、运费低廉、不受轨道及道路限制的优点，约90%的国际贸易货物运输量是通过远洋运输方式完成的，其中租船运输货运量约占海运量的80%。

实践中，哪些货物适合于租船运输？根据承租人对租进船舶所享有的占有、使用、收益权利的不同，租船运输有哪些主要的类别？承租人与船舶出租人之间的权利和义务规定以何为依据？提单是不是解决租船运输中出租人与承租人之间争议的依据？不同租船营运方式的特点及差别是什么？

## 项目一　租船运输概述

**【项目介绍】**

租船运输作为远洋船舶营运方式的一种，适用于大宗货物运输，有关航线和港口、运输货物的种类，以及航行的时间等，都按照承租人的要求，由船舶出租人确认。承租人与出租人之间的权利、义务以双方签订的租船合同确定。本项目主要介绍租船运输的概念、特点、种类，分析租船运输与班轮运输的区别、不同租船运输之间的共性与区别、租船合同订立的程序和常用

租船合同范本。

## 任务1-1 掌握租船运输的基本概念

**【任务分析】**

本任务要求同学们能掌握租船运输的概念及特点,结合航运实际,分析租船运输与班轮运输在船舶配员、租船人的营运调度权、运输成本承担、装卸费用分担、航线安排、货种选择等方面的区别。

**【相关知识】**

**一、租船运输的概念**

租船运输又称不定期船运输(Tramp Shipping),它与班轮运输不同,没有既定的船期表,也没有固定的航线及挂靠港,而是根据货源情况,安排船舶就航的航线,组织货物运输的船舶营运方式。

租船运输主要是通过船舶出租人和承租人之间签订运输合同或船舶租用合同进行货物运输的。在这种运输方式下,船舶就航的航线,运输货物的种类,以及装货港、卸货港或中途停靠的港口都须根据货主的要求而定。

租船运输的经营人有可能是经营船舶的所有人,也有可能是从其他船公司租进船舶进行租船运输经营的二船东(Disponent Owner),他们既不拥有船舶,也不拥有货物,以赚取中间差额为营利目的。

**二、租船运输的特点**

1. 没有既定的船期表,也没有固定的航线,按合同约定组织船舶营运。租船运输的船舶航线完全依据货源情况确定,航线的长短根据运输航次的长短确定,因此没有固定的装卸港,也没有固定的挂靠港口,更没有固定的航线和船期。

2. 租船运输中的有关船舶营运费用及其风险由谁承担,根据租船合同的类别及合同条款确定,而在班轮运输下,一般由承运人承担。

3. 特别适合干散货、液散货的运输。粮食、化肥、煤炭、矿砂、钢材、木材等大宗干散货批量大、价格低廉,这类货物受季节和经济环境变化的影响比较明显,货运价格易受市场供求关系和环境变化的影响,在整船租的营运方式中船型选用与货物种类、货运批量、航线、港口条件有关。

原油、成品油、液化石油气和天然气、化学品、润滑油、动植物油等液体散货,货物性质差异明显,运输专业化程度较高,各类货物的流向较清楚、航线较稳定。

上述两类货物,绝大部分由厂矿企业和进出口贸易商通过与船东直接签订包运合同或中长期租船合同的方式进行承运,小部分投入市场通过航次租船方式以整船或租用部分舱位进行运输。

4. 出租人与承租人之间签订船舶租用合同或运输合同,明确双方的权利、义务关系。在班轮运输下,承运人与托运人无需签订书面的海上货物运输合同,只是在货物由承运人装船或接管后,应托运人请求,承运人或其船长签发已装船提单或收货待运提单。提单是调整运输各关系方之间权利、义务关系的依据。

租船运输中，出租人与承租人之间通过书面订立船舶租用合同或运输合同，以明确双方的权利、义务关系。租船运输中所签发的提单，一般是只有正面内容的简式提单，而且仅在调整出租人与非承租人的提单持有人之间关系时，起着海上货物运输合同证明的作用。

5. 各种租船合同均有相应的标准合同格式，一般由船东与租方通过各自或共同的租船经纪人洽谈成交租船业务。

6. 租船运输的运费或租金水平的高低，直接受租船合同签订时的航运市场行情波动的影响。世界的政治经济形势、船舶运力供求关系的变化，以及通航区域的季节性气候条件等，都是影响运费或租金水平高低的主要因素。

**【议一议】租船运输与班轮运输的区别**

| 营运方式 | 班轮运输 | 租船运输 |
|---|---|---|
| 基本特点 | 航线及挂靠港口固定 | 航线及挂靠港不固定 |
| 运输合同 | 提单是合同的证明 | 租船合同 |
| 合同双方 | 承运人与托运人 | 出租人与承租人 |
| 运费(租金)计收 | 根据运价表 | 根据租船合同 |
| 运价(租金率) | 在一定时期内不变 | 随国际航运市场运力需求而变化 |
| 承运货物方式 | 订舱 | 租用船舶或船舶部分舱位 |
| 交付货物地点 | 通常在承运人指定的码头仓库 | 通常在船边 |
| 适合运输货物种类 | 小批量的件杂货 | 大宗散货 |
| 营运费用 | 承运人承担 | 根据租船合同由当事人双方分担 |

## 任务1-2　掌握租船运输的种类

### 【任务分析】

国际上主要的租船运输方式有航次租船、定期租船、光船租船三种，随着国际经济与海上运输的发展变化，又派生出了包运租船和航次期租。本任务要求同学们掌握各种租船运输的概念、特点，能分析总结航次租船、定期租船、光船租船运输的区别。

### 【相关知识】

**一、航次租船(Voyage Charter; Trip Charter)**

(一)航次租船的概念

航次租船又称航程租船或程租船，是指由船舶出租人负责提供一艘船舶，在约定的港口之间，进行一个航次或几个航次运输约定货物的租船方式。

航次租船的“租期”，取决于完成航次运输任务的时间，航次结束，“租期”即终止。

(二)航次租船的特点

航次租船运输中，船舶出租人按约定提供整艘船舶或部分舱位，供承租人装运约定的货

物,以航次为运输单位进行货运安排。其具有如下特点:

1. 出租人负责配备船长、船员并负担船员的工资、补贴及伙食费等;

2. 出租人负责营运调度船舶,并承担燃料费、修理费、港口使费及淡水、物料费等船舶营运费用,承租人按合同规定将货物装上船舶后,即可在卸货港等待提货;

3. 按照装卸货物的数量及双方约定的费率计收运费,有时也采用整船包干(Lump Sum)运费;

4. 需要订明货物的装、卸费用由出租人还是承租人负担;

5. 需要订明可用于装、卸的时间与计算办法,并规定滞期费、速遣费的计算标准与方法。

(三)航次租船的形式

按租船人需要完成的航次数划分,航次租船可分为下列3种形式:

1. 单航次租船(Single Trip Charter)

指出租人与承租人双方约定,只需完成一个单程航次的租船。船舶出租人负责将指定的货物从一个港口运往另一个港口,货物运到目的港卸货完毕后,相关费用结算完成,出租人的合同义务即告终止。

2. 往返航次租船(Return Trip Charter)

指出租人与承租人双方洽租一个来回程航次的租船。同一艘船舶在完成一个单航次后,紧接着在原卸货港或其附近港口装货,运回原装货港或其附近港口卸下,并完成相关费用结算,合同即告结束。

3. 连续单航次或连续往返航次租船(Consecutive Single or Continuous Return Voyage Charter)

指出租人与承租人双方洽租连续完成几个单航次或几个来回程航次的租船。在这种情况下,同一艘船舶在同方向、同航线上连续完成规定的两个或两个以上的单航次或来回程航次运输,但按航次单独计算装卸时间、结算费用及确定其他相关事项。

**二、定期租船(Time Charter;Period Charter)**

(一)定期租船的概念

定期租船又称期租船,是出租人按照租船合同的约定,将一艘特定的船舶出租给承租人使用一定期限,并由承租人支付租金的租船方式。

这种租船方式不以完成航次数为依据,而以约定使用的一段时间为限。期租的时间可长可短,从几个月到若干年,有的甚至用到船报废为止。

在租期内,承租人可以利用租进来的船舶运输自有货物;可以用于班轮运输,以补充暂时的运力不足;还可以以航次租船方式承揽第三者的货物,以取得运费收入;也可以将船舶转租,以谋取租金差额的收益,但应符合合同约定的用途。

(二)定期租船的特点

1. 由船舶出租人负责提供一艘船舶,并负责配备船长、船员,同时负担他们的工资、航行补贴、伙食费等。船长在船舶营运方面应听从承租人的指示,否则承租人有权要求出租人予以更换。

2. 承租人负责营运调度船舶,并承担燃料费、港口使费、货物装卸费及运河通过费等与营运有关的费用;由出租人负担船舶的折旧费、维修保养费、船用物料费、润滑油费及船舶保险费等船舶维持费。

3. 租船合同中需订明淡水费由谁承担，通常锅炉用水的费用由承租人承担，而船长、船员的生活用淡水费由出租人负责。

4. 租金率按船舶的载重吨、租期长短以及航运市场价格等多方面因素，由出租人和承租人在合同中明确约定。租金一般按船天，或每月每载重吨若干金额计算。

5. 租船合同中订有关于交船和还船以及关于停租的规定。

实践中，一些较长期的定期租船合同中常订有“自动递增条款”（Escalation Clause），以适应与费率相关因素变化的要求。比如，市场与船舶营运环境的变化、汇率走势和成本上涨等。通过订立该条款，可以弥补租期中因部分费用上涨而使出租人的盈利减少或发生亏损的损失。

## 三、光船租船（Bare Boat Charter；Demise Charter）

### （一）光船租船的概念

光船租船又称船壳租船、光租、光船租赁，是指船舶出租人提供一艘不包括船员在内的空船，出租给承租人使用一定期限，在租期内承租人享有对船舶的控制和占有权，负责配备船长和船员并向出租人支付租金的租船方式。

光船租船不具有运输承揽的性质，只相当于一种财产租赁。船舶出租人在租期内除了收取租金外，不再承担任何责任和费用。光船租赁通常需在主管当局登记，并且有些国家允许在租期内改换船的国籍。

### （二）光船租船的特点

1. 出租人只提供一艘空船，该船是符合合同约定的没有配备船长、船员的适航船舶，包括船上附属设备、仪器及其他相关的合格证书或文件；

2. 承租人负责配备船长、船员，同时负担他们的工资、奖金、航行补贴、伙食费等；

3. 承租人负责船舶调度和营运安排，并承担船舶在租期内的时间损失；

4. 除船舶保险费依合同约定外，出租人承担船舶折旧费，而由承租人承担船舶营运的固定费用及全部变动费用，如船员工资、港口使费、维修费等；

5. 租金按船舶的装载能力、租期及商定的租金率计算；

6. 合同中需订明超出一定数额的设备或仪器的变更费用如何分担。

实践中，有些船东仅把船舶作为投资的对象，将船长期光租给航运公司，收取租金作为投资回收和赚取利润。一些经营管理能力较差的船公司，也可能将船舶以光租形式出租给其他船公司，虽然出租利润不高，但稳定的租金收入有保证。租船人愿意光船租进，可能是他们在某段时期内缺少船舶或希望扩充船队，而不愿花钱买船，或者贷款困难买不起船。

## 四、包运租船（Contract of Affreightment，COA）

### （一）包运租船的概念

是指船舶所有人以一定的运力，在确定的港口之间，按事先约定的时间、航次周期，每航次以较均等的运量完成全部货物运输的租船方式。

### （二）包运租船的特点

1. 包运租船合同中不确定船名及国籍，仅规定船级、船龄和船舶的技术规范等，船舶所有人只需比照这些要求提供能够完成合同规定每航次货运量的运力即可，这对船舶所有人在调度和安排船舶方面是十分灵活、方便的；

2. 租期的长短取决于货物的总量及船舶航次周期所需的时间；

3. 船舶所承运的货物主要是运量特别大的干散货或液体散装货物，承租人往往是业务量

大、实力强的综合性工矿企业、贸易机构、生产加工集团、大型钢厂或大石油公司;

4. 船舶航次中所产生的时间延误的损失风险由船舶所有人承担,而对于船舶在港内装、卸货物期间所产生的延误,则通过合同中订有"延滞条款"的办法来处理,通常是由承租人承担船舶在港的时间损失;

5. 运费按船舶实际装运货物的数量及商定的费率计收,通常按航次结算。

从上述特点可见,包运租船在很大程度上具有"连续航次租船"的基本特点。因此,国际航运界的一些人士认为,包运租船是从航次租船派生出来的一种租船方式。

(三)包运租船的优点

1. 对船舶所有人来说,包运租船的货运量大,而且在较长时间内能保证船舶有比较充足的货源,使运费收益有较稳定的保障;

2. 对船舶所有人来说,包运租船中,船舶运力的安排完全由船舶所有人灵活控制,在保证按合同规定完成货运任务的前提下,只要船舶所有人对船舶的调度管理得当,就有可能利用中间航次的富裕时间装运这些货载,从而获得额外的收益;

3. 对承租人来说,包运租船不但能在较长的时间内满足货物运输的需要,而且在很大程度上能摆脱因租船市场行情的变动而受到的影响,不必担心有无运力将货物运往最终市场的问题。

**五、航次期租船(Time Charter on Trip Basis, TCT)**

(一)航次期租船的概念

航次期租船又称日租租船(Daily Charter),是指以完成一个或几个特定航次运输为目的,但租金按完成航次所使用的日数和约定的日租金率计算的船舶营运方式。

航次期租是定期租船的一种,兼具航次租船的特点。目前,此种租船形式的应用渐趋广泛,尤其是在散杂货的不定期运输方面。在装货港和卸货港的条件较差,或者航线的航行条件较差,难以掌握一个航次所需时间的情况下,使用这种方式,可以使出租人避免因难以预测的情况而使航次时间延长所造成的船期损失。

(二)航次期租船的特点

1. 由承租人承担船舶在港装卸作业时间以及在锚地等泊等其他各种风险;

2. 通常在装、卸港作业条件差,出租人难以控制航次时间的情况下采用;

3. 该方式对出租人而言,可以避免因难以预测的情况使航次延长所造成的时间损失。

**【议一议】航次租船、定期租船与光船租船之间的区别**

| 项目 | 航次租船 | 定期租船 | 光船租船 |
|---|---|---|---|
| 配员权不同 | 出租人负责配员 | 出租人负责配员 | 承租人负责配员 |
| 营运调度权不同 | 出租人负责 | 承租人负责 | 承租人负责 |
| 固定成本(工资、润滑油、保险费等)承担不同 | 出租人承担 | 除淡水费双方协商,其他固定成本都是出租人承担 | 除保险费双方协商,营运中固定成本承租人承担 |

续表

| 项目 | 航次租船 | 定期租船 | 光船租船 |
|---|---|---|---|
| 可变成本(燃油、港口使费、事故损失费等)承担不同 | 除装卸费双方协商外,其他可变成本由出租人承担 | 承租人承担所有可变成本 | 承租人承担所有可变成本 |
| 计收运费还是租金 | 计收运费 | 计收租金 | 计收租金 |
| 租船合同中的特殊条款 | 受载期、装卸时间、滞期和速遣等条款 | 船速与燃油消耗量、交船与还船、停租、租金支付与撤船、航行区域等 | 船舶检验、船舶维修与保养、船舶抵押与转租等 |

## 任务1-3　了解租船合同的订立程序及常用标准租船合同范本

### 【任务分析】

在租船市场上,由需求船舶的承租人和提供船舶的出租人通过租船经纪人(Chartering Broker)互通信息,讨价还价,最后签订合同。一般从承租人提出租船要求到最后与出租人签订合同,需要经过询盘、报盘、还盘、接受和签订合同五个阶段。本任务要求同学们了解租船合同订立的程序、航次租船和定期租船当前常用的标准租船合同范本。

### 【相关知识】

#### 一、租船合同的订立程序

租船合同是船舶出租人与承租人之间,或通过中间人即租船经纪人,就船舶、货物、航线及其装卸港口、受载期、装卸时间等与之相关事宜,通过洽谈,在意思表示一致的基础上签署形成的,主要经历以下几个程序:

(一)询盘(Inquiry)

询盘是租船业务的开始,又称询价。询盘是让对方知道发盘人所需要的大致情况,内容简单扼要。承租人的询盘目的是为货物寻找合适的船舶,出租人询盘的目的是为船舶寻找合适的货载。询盘可以向租船经纪人发出,经纪人将这些要求转告船东或承租人,要求他们做出答复。通常询盘是通过电报、电传、传真、电子邮件等书面形式提出。

(二)报盘(Offer)

租船过程中一般由出租人首先报盘。出租人收到承租人询盘后,经过成本估算,或者对比其他的询盘条件,在对自己有利的条件下,通过经纪人向承租人提出自己所提供船舶的情况和条件,这个过程称之为报盘,又称为报价。根据报价的条件,报价的内容除了对询盘做出答复以外,主要是关于运价(或租金)的水平和选定的租船合同范本以及对范本条款的修订和补充方面的规定。

(三)还盘(Counter Offer)

又称还价,是承租人对条件发盘中不能接受的条件提出修改或增减内容,或提出自己的条件。换盘意味着对出租人报盘的拒绝和新的询盘的开始。当出租人接到承租人的还价后,可以再次做出答复,是否接受承租人的还价条件,并再次做出新的报盘。

(四)受盘(Acceptance)

是指明确接受或确认对方所报的各项租船条件。通常当事人经过多次反复还盘,就租船业务的主要内容和条款达成一致意见后,承租人就应在有效期内明确表示予以接受。至此,除双方另有约定外,租船合同即告成立。原则上,接受订租是租船程序的最后阶段,但是租船实务中,双方当事人一般会签署一份"订租确认书"(Fixture Note)。订租确认书无统一格式,但其内容应详细列出船舶出租人和承租人在洽租过程中双方承诺的主要条款。

(五)签订租船合同(Signing Charter Party)

正式的租船合同实际是在合同条款被双方接受后开始编制的。双方签认的订租确认书,实质就是一份双方履行的简式租船合同。签认订租确认书后,船舶出租人应按已达成协议的内容编制正式的租船合同送交承租人,承租人应详细地审核租船合同,如发现不符之处应及时向船舶出租人提出异议,并制订补充条款要求出租人修改、更正。如果承租人对出租人编制的合同无异议,即可签署。

**二、主要的租船合同范本**

租船实务中,为加快合同谈判进程、简化条款审核程序、节省签订合同而发生的各项费用,常常选用格式合同作为洽谈合同条款的基础。

(一)格式合同的类别

从公认性和应用广泛性上划分,格式合同可以分为以下两种:

1. 标准租船合同范本(Standard C/P Form)

是指国际上有关行业组织或一些国家航运组织制定的被广泛采用的合同格式。如波罗的海国际航运公会(Baltic International Maritime Conference)、英国航运公会(British Chamber of Shipping)、纽约土产交易所(New York Produce Exchange,NYPE)等制定的合同格式。

2. 非标准租船合同格式(Non-Standard C/P Form)

是指不属于标准格式合同范围,但合同格式有一定的规律,实际也常被采用的合同格式。

(二)常用标准航次租船合同范本

1.《统一杂货租船合同》(Uniform General Charter)

租约代号"金康"(GENCON),它是波罗的海国际航运公会的前身"波罗的海-白海航运公会"(The Baltic and White Sea Conference)于1922年制定,经英国航运公会采用后做过几次修改,1976年和1994年又进行了两次修订。该合同格式不分货种和航线,应用范围比较广泛。现在使用较多的是1994年版本。此格式在很多条款上比较明显地维护出租人的利益。

2.《北美谷物航次租船合同》(North American Grain Charter Party)

简称NORGRAIN,是专用于美国与加拿大出口谷物的航次租船合同格式。该合同格式是由美国船舶经纪人与代理人联合会、波罗的海国际航运公会、北美谷物出口协会制定的,内容较新,条款全面。

3.《澳大利亚谷物租船合同》(Australian Grain Charter Party)

租船合同代号"AUST-WHEAT",由澳大利亚小麦局和英国航运公会于1956年制定,经1972年和1974年两次修改,专门用于澳大利亚至英国、北爱尔兰及欧洲大陆沿岸各港口之间的小麦和面粉的整船运输。

4.《巴尔的摩C式》(Baltimore Berth Grain Charter Party,Form C)

此格式是由北美谷物出口协会制定并为波罗的海国际航运公会认可，广泛用于从北美向世界各港整船运输谷物的标准格式。

5.《C(矿石)7 租船合同》[C(Ore)7,Charter Party]

该合同格式是由英国政府在第一次世界大战期间制定的，用于进口铁矿石的航次租船合同格式。

6.《油轮航次租船合同》(Tanker Voyage Charter Party)

租约代号"ASBATANKVOY"。此格式是1977年由美国船舶经纪人和代理人协会制定的，专门用于油船航次租船。

7.《威尔士煤炭租船合同》(Chamber of Shipping Walsh Coal Charter Party)

该合同格式由波罗的海白海航运公会制定，最早采用于1896年的美国，后经1912年、1924年两次修改，专用于煤炭运输的标准格式。

(三)常用标准定期租船合同范本

1.《统一定期租船合同》(Uniform Time Charter)

租约代号"波尔的姆"(BALTIME)，是由波罗的海国际航运公会1909制定的，经过6次修改，目前使用的版本是1974年格式。由于该格式合同是船东组织制定的，所以在很多条款上比较维护船舶所有人的利益。

2.《定期租船合同》(Time Charter Party)

该租船合同格式由美国纽约土产交易所(New York Produce Exchange)于1913年制定，简称"土产格式"(Produce Form)，租约代号"NYPE"。NYPE是经美国政府批准使用的，因此又称"政府格式"(Government Form)。经过1921年、1931年、1946年、1981年和1993年五次修改，此格式在船舶出租人和承租人双方权益的维护上，显得比较公正，并没有偏袒任何一方。

3.《定期租船合同》(Time Charter Party 1980)

租约代号"中租1980"(SINOTIME 1980)，由中国租船公司制定。此格式较多地维护承租人的利益。

# 项目二　航次租船合同

## 【项目介绍】

航次租船合同的拟定是船舶出租人与承租人根据货运需要、船舶调运和市场环境等情况不断协商的过程，出租人和承租人可以根据各自的货运要求，对所选用航次租船合同范本中的格式化条款进行修改、删减和订立附加条款(Rider Clause)，以达成一致并形成双方接受的合同。如果附加条款与租船合同范本中印刷的格式化条款相抵触，一般解释为附加条款的效力高于印刷条款。

本项目主要介绍航次租船合同的基本概念，以GENCON 94为例讲述航次租船合同主要条款的含义。

## 任务2-1　掌握航次租船合同的基本概念

### 【任务分析】

我国《海商法》对航次租船合同的概念、法律适用等做出了相应规定。本任务要求同学们理解航次租船合同的基本概念及其性质。

### 【相关知识】

**一、航次租船合同(Voyage Charter Party, Voy. C/P)的概念**

航次租船合同,是指船舶出租人向承租人提供船舶或者船舶的部分舱位,装运约定的货物,从一港运至另一港,由承租人支付约定运费的合同。

航次租船合同,具体分为单航次租船合同(Single Trip C/P)、往返航次租船合同(Return Trip C/P)、连续单航次租船合同(Consecutive Single Trip C/P)以及连续往返航次租船合同(Consecutive Return Trip C/P)等多种形式。

**二、航次租船合同的性质**

关于航次租船合同的性质问题,历来存在着争议:一种观点认为,航次租船合同属于租赁合同的范畴;另一种观点认为,航次租船合同属于货物运输合同,理由是租赁合同重在使用,而运输合同重在服务。

我国《海商法》将航次租船合同视为海上货物运输合同,以“航次租船合同的特别规定”为一节,将其置于第四章“海上货物运输合同”一章中。

**三、我国《海商法》关于航次租船合同的特别规定**

目前,没有专门调整航次租船合同的国际公约,各国国内法对航次租船合同也通常不做规定或不做强制性规定。例如:西方国家特别是英、美等国都无制约租船合同的成文法;而大陆法系国家海商法中的有关条款也都属于非强制性条款或弹性条款,即当事人双方可以对条款协议排除适用或修改后适用。

我国《海商法》关于航次租船合同的特别规定,是参照“金康”合同格式制定的。《海商法》第94条规定:“本法第47条和第49条的规定,适用于航次租船合同的出租人。本章其他有关合同当事人之间的权利、义务的规定,仅在航次租船合同没有约定或者没有不同约定时,适用于航次租船合同的出租人和承租人。”由此可见,航次租船合同的出租人必须如同承运人一样,强制适用于第47条关于承运人的适航义务和第49条关于不得进行不合理绕航的规定,合同中出现与此相抵触的条款均无效。另外,在尊重国际上普遍采用的租船合同当事人“意思自治原则”的基础上,允许出租人与承租人通过协议排除或变更本章包括本节其他有关合同当事人之间权利、义务的规定。

## 任务2-2　掌握航次租船合同的主要条款

### 【任务分析】

本任务要求同学们掌握航次租船合同中的船舶说明条款、预备航次条款、装卸条款、装卸时间条款、滞期费和速遣费条款、留置权条款等。结合装卸事实记录，了解装卸时间统算中不同计算方法之间的区别。

## 【相关知识】

我国《海商法》第93条规定："航次租船合同的内容，主要包括出租人和承租人的名称、船名、船籍、载货重量、容积、货名、装货港和目的港、受载期限、装卸期限、运费、滞期费、速遣费以及其他有关事项。"

航次租船合同一般订有下列条款：船舶说明条款(Description of Vessel Clause)，预备航次条款(Preliminary Voyage Clause)，出租人责任条款(Owner's Responsibility Clause)，运费支付条款(Payment of Freight Clause)，装卸条款(Loading and Discharging Clause)，滞期费和速遣费条款(Demurrage and Despatch Clause)，解约条款(Cancelling Clause)，留置权条款(Lien Clause)或承租人责任中止条款(Cesser Clause)，提单条款(Bill of Lading Clause)，双方互有碰撞责任条款(Both-to-Blame Collision Clause)，新杰森条款(New Jason Clause)，共同海损条款(General Average Clause)，仲裁条款(Arbitration Clause)，佣金条款(BroKerage Commission Clause)，罢工条款(Strike Clause)，战争条款(War Risks Clause)，冰冻条款(Ice Clause)。

本任务介绍以下主要条款：

### 一、船舶说明

船舶说明是指出租人对船舶的具体情况所做出的描述。它使船舶特定化，是承租人决定是否租用船舶的重要依据。

#### (一)船名(Vessel's Name)

船名是合同中的重要项目之一。船名在合同中的确定方式通常包括以下三种：

1. 指定船舶(Named Vessel)

指定船舶是指在航次租船合同中明确地记述某一特定船舶名称，例如写明"内燃机船×××船(M/V×××)"。此情况下，出租人只能派遣合同中被指定的船舶，非经承租人同意，出租人无权以其他船舶代替指定的船舶。如果指定的船舶发生事故灭失，合同即告解除，双方不负赔偿责任。

2. 替代船舶(Substituted Vessel)

替代船舶是指在船舶的指定方面赋予出租人一种"选择权"的指定方法。如：合同中规定"内燃机船×××船或替代船，在出租人的选择中(M/V××× or Substituted Vessel at owner's option)"。此情况下，如果指定的船灭失，出租人仍应指派替代船履行合同。替代船的状况应与原约定船舶的船型、船级、载重吨等条件相符，并且替代船一经选定，出租人应及时通知承租人，并不得再做改变。

3. 船舶待指定(Vessel to Be Named)

因某些原因，出租人与承租人在签订航次租船合同时，无法在合同中确定船名，经双方商议同意采用"船舶待指定"的做法。双方当事人必须事先在合同中明确规定"待指定船舶"的具体条件、性质和技术规范等。出租人应在履行航次租船合同前的适当时间内，将已确定的具体船名通知承租人。待指定船舶一旦被指定，就成为指定船舶，根据指定船舶的要求实施对出租人和承租人的约束。

(二)船籍(Vessel's Nationality)

船籍也是合同的重要项目,在战争时期尤其重要。国际贸易运输中,船舶国籍的不同,可能会影响到法律适用、货物保险及港口收费等事宜。因此,合同中通常约定船籍或约定船舶不得悬挂某国国旗。如果出租人在合同履行期间擅自变更船舶国籍或变换船旗,即构成违约,承租人有权解约并提出损害赔偿。

(三)船级(Vessel's Classification)

船级表明双方在订立合同时,船舶应实际达到的技术状况。船东没有义务在整个合同期内保持这一船级,除非合同中另有明文规定。

(四)船舶吨位(Vessel's Tonnage)

1. 登记吨(Registered Tonnage)

登记吨又称容积吨,是按船舶容积折算的吨位,通常以100立方英尺(2.83立方米)为1登记吨。登记吨有总登记吨(GRT)和净登记吨(NRT)之分,其与港口费用、运河通行费、关税的征收等有密切的关系。

2. 载重吨(Deadweight Tonnage)

载重吨位又称载货能力(Deadweight Capacity),表明船舶实际装载货物的能力。合同中载明的数字是指船舶实际可装载货物的数量,不包括船舶燃料、淡水、备用品等以及船舶常数。同时,应规定有上下百分之几的选择权。如果出现船舶实际载货能力与合同规定不相符,承租人有权索赔因重量或容积差异而造成的损失,但一般不能解除合同。

(五)船舶动态(Vessel's Position)

船舶动态是指订立合同时船舶所处的位置或状态。它便于承租人合理判断船舶能否如期抵达装货港以及明确本航次、本合同开始履行的时间。实践中并不具体订明船舶准确的经纬度,往往以"now trading"、"now under repair"等来说明。

**二、预备航次**

(一)预备航次(Preliminary Voyage)的概念

如果在签订租船合同时履约船舶不在装货港,则履约船舶从装货港前某一地方驶往装货港的航次(the voyage from wherever she is at date of charter party or conclusion of her previous fixture, if that is later, to the place specified as the place of loading)即为预备航次。预备航次是航次租船合同的一部分。合同中关于出租人权利、义务的规定,同样适用于预备航次,合同另有规定的除外。

(二)预备航次的开始

有的合同规定了船舶开始预备航次的时间,例如,金康1994规定:"The said vessel shall, as soon as her prior commitments have been completed, proceed to the loading port(s) or place(s) stated in Box 10 or so near thereto as she may safely get and lie always afloat..."画线部分明确出租人在前一个合同完成后,才有履行本航次的义务。即使延误到港是履行前一合同延误导致的,只要在履行本次预备航次过程中没有延误,仍不能视为出租人违约。金康1976规定,船舶要以合理的速度尽快驶往装货港,而不应有不合理的延误。

(三)受载期(Laydays)

受载期,是指船舶预计抵达指定装货港口或地点并已做好装货准备,随时接受货物装船的期限。受载期可以具体定在某一天,但习惯上规定为一段期限,以"从×月×日至×月×日到达装货港”的形式表示。

(四)解约日(Cancelling Date)

解约日,是指船舶未能在合同中所规定的时间内抵达指定装货港口并做好装货准备,承租人可以选择解除合同的日期。合同中一般都订有解约日条款,解约日与受载期有密切的联系。关于解约日的规定有两种基本形式,不同的形式导致的后果是不同的。

1. 解约日是受载期的最后一日

如果受载期规定的是一段期限且合同中没有规定解约日,通常受载期的最后一天为解约日。在实务中通常将此种期限称为 Laycan(Laydays 与 Cancelling Date 的词头合成),例如 Laycan Aug. 6—Aug. 12 表示 8 月 6 日至 8 月 12 日为受载期,8 月 12 日即为解约日。

2. 解约日在受载期届满之后

如果规定解约日是在受载期届满后的某一天,此种条款下,若船舶在合同所规定解约日这一天还未到达,承租人便有权解除合同。如果船舶仅仅超过了受载期,但并未超过解约日,则虽然出租人违约,承租人仍然无权解除合同。

综上所述,不论是否规定解约日,承租人的解约权是绝对的,除非合同中另有其他约定,合同中规定的免除出租人赔偿责任的条款也不能影响承租人解除合同的权利。即使船舶迟延到达不是出租人的过错引起的,而是不可抗力等原因引起的,承租人仍然有权解除合同。另外,解约日条款所针对的主要是装货工作未按时准备好这一事实,而不仅仅是未抵达装货港。

(五)预备航次受阻

预备航次受阻,是指在预备航次中,任何一方当事人都没有违反合同,但是船舶延误到港并且使得合同无法履行。此时,任何一方都有权无偿地解除合同。

导致预备航次受阻的情况通常包括:约定的货物或船舶全损;合同的商业目的无法实现;法律变更;延迟。另外,预备航次受阻同样适用于定期租船合同及其他有关合同。

(六)质询条款(Interpellation Clause)

即使出租人或船长明知船舶不能在解约日之前到达装港并做好准备,只要承租人未解除合同,船舶仍应驶往装货港。为避免船舶抵达装货港后承租人提出解除合同而给出租人造成不必要的损失,很多合同中都规定,当承租人接到出租人或船长关于船舶延误情况和预期抵达装货港日期的通知后,在一定时间内做出是否解除合同的答复,否则视为放弃解除合同的权利。这种条款称为质询条款。

例如,《海商法》第 97 条规定:“出租人在约定的受载期限内未能提供船舶的,承租人有权解除合同。但是,出租人将船舶延误情况和船舶预期抵达装货港的日期通知承租人的,承租人应当自收到通知时起 48 小时内,将是否解除合同的决定通知出租人。”

金康 1994 第 9 条规定,如果承租人在收到通知后未行使其解约权,则出租人在通知书中宣布的准备完毕日期后的第 7 天视为新的解约日。

**三、货物**

(一)货物的种类

在航次租船合同中,除具体列明一种货物外,有时为了承租人贸易上的便利,通常规定几种货物或某一类货物,由承租人选择。承租人行使选择权无须出租人同意。如果承租人选定的货物由于其可免责的原因不能装船,除合同中另有规定外,只要在规定的货物种类中有其他货物可以装船,承租人仍有义务提供货物。

《海商法》第100条规定:“承租人应当提供约定的货物;经出租人同意,可以更换货物。但是,更换的货物对出租人不利的,出租人有权拒绝或者解除合同。因未提供约定的货物致使出租人遭受损失的,承租人应当负赔偿责任。”

(二)货物的数量

航次租船合同中一般规定承租人应提供满舱满载货物(Full and Complete Cargo)。满舱,是指承租人提供的货物应装满舱容。满载,是指承租人提供的货物数量应达到船舶的货物载重能力。关于货物数量的规定方法,一般有下列两种:

1. 满舱满载货物××吨,百分之几上下由出租人选择

此方式下,船舶在具体航次中可以载运货物的确切数量,由船长在装货之前以书面形式通知承租人或其代理人,即通过宣载(Declaration)确定实际装货的数量。出租人应保证船舶能实际装载船长宣载的货物数量,承租人提供的货物数量应达到上述规定,否则承担相应的亏舱费。

2. 满舱满载货物不超过××吨,不少于××吨

此时出租人应保证船舶能实际装载的货物数量不少于规定的下限,承租人有义务提供的货物数量为规定的上限与船舶满舱满载货物数量两者之中的较小者。

如果船舶实际装载的货物数量达不到出租人保证的数量,出租人应向承租人赔偿短装损失(Damage for Short Lift),包括货物的退关费、仓储费和回运费等。如果承租人提供的货物数量少于其有义务提供的数量,应向出租人支付亏舱费(Dead Freight),其金额相当于出租人因此受到的净运费损失。

**【想一想】**

如果航次租船合同约定,满舱满载货物不超过10 500吨,不少于9 500吨,如果船舶宣载中实际满舱满载货物数量是10 500吨,此时承租人有义务提供多少吨货物装船?如果是10 300吨呢?

**四、装卸港口与泊位**

(一)指定港口或泊位

合同中通常订明特定的装货港和卸货港,由承租人指定具体的装卸地点或泊位,或直接规定特定的装卸泊位或地点。有时合同中列明几个港口或某一地理范围内的港口,由承租人选择。例如“在中国北方某一安全港口装大米……”,此时,承租人应在规定的时间内,通知出租人最后确定的装货或卸货港口的名称,即“宣港”。对于选港货,如果承租人没有按合同规定宣港,出租人为保持适航平衡状态下驶往第二卸货港而发生的倒舱、起卸和重装货物的费用,由承租人承担。不论承租人是否已将上述情况告知船长,为使船舶处于适航平衡所花的时间,均计为装卸时间。这种条款通常被称为“适航平衡条款”(Seaworthy Trim Clause)。

(二)港口的安全性

承租人指定的港口或泊位必须是安全的。安全港是指某一特定船舶在没有异常事件发生的情况下,能够安全地抵达、使用、停留并离开港口,而不会遇到任何运用了良好航海技术和船艺也无法避免危险的港口。

从国际判例看,安全港通常是指该港在“物理上”和“政治上”都是安全的。主要包括:自然条件方面,港口应有足以防范和避免恶劣气候等自然现象对港内船舶造成侵害和危险的必

要设施;港口设施方面,港口应能提供足够的夜间照明、拖船、引航员及必要的锚地、调头区域等;航海方面,港口有能使船舶安全进出港口所需要的导航灯标,港口航道水深及桥梁的高度应符合安全航行的要求;装卸货物方面,保证船舶装卸作业期间始终处于安全浮泊状态和从事正常装卸货物活动;政治上安全,是指港口不会遭受战争、敌对行为、恐怖活动、捕获、没收或充公的危险。

如果承租人指定的装卸港口不安全,出租人可以拒绝接受指定的不安全港或拒绝进入该港。当原定卸货港因不安全而不能卸货时,承租人应当指定临近的港口,承租人不指定的,出租人有权将货物卸于临近港口,而且航次租船合同视为已经履行。这就是航次租船合同中经常订入的“临近港条款”(The Near Clause)。另外,上述不安全,是指出租人采取了合理的措施也不能够克服的状况,不包括暂时障碍引起的港口不安全。

**【议一议】保安等级3的港口是不安全港吗?**

**五、装卸费用**

航次租船合同中的装卸费用,通常由出租人与承租人协商确定。实践中,常用的装卸费用分担方式主要有以下几种:

(一)班轮条款(Liner Terms)

又称泊位条款(Berth Terms)、总承兑条款(Gross Terms),是指由出租人负担货物的装卸费用。

(二)出租人不负装货费用(Free In,F. I.)

是指出租人不负担装货费用,但是负担卸货费用。有时为更明确地表达此意,用 Free In and Liner Out 来表示,缩写为 F. I. L. O. 。

(三)出租人不负卸货费用(Free Out,F. O.)

是指出租人不负担卸货费用,但是负担装货费用。有时为更明确地表达此意,用 Liner In and Free Out 来表示,缩写为 L. I. F. O. 。

(四)出租人不负装卸费用(Free in and out,F. I. O.)

是指出租人既不承担装货费用,也不负卸货费用,而是由承租人负担货物的装卸费用。为了明确理舱、平舱费用的承担,在 F. I. O. 后面加上 Stowed and Trimmed(F. I. O. S. T.)表示出租人不承担理舱、平舱费用。在运送大件货物的情况下,在 F. I. O. S. T. 的后面加上 Lashed and Dunnages,表示出租人对捆扎及垫舱费用也不承担,缩写为 F. I. O. S. T. L. D. 。

承租人在与出租人商定装卸费用由谁承担时,应注意与贸易合同价格条件相衔接。

另外,上述条款中,出租人不负责的装卸费用,仅仅指装、卸两港所产生的相关费用。但是,如果是在避难港、过运河过驳时以及在其他非原定港口产生的装卸费用,应由出租人承担,合同另有规定的除外。

**六、装卸时间**

(一)装卸时间(Laytime)的概念

波罗的海国际航运公会(BIMCO)、国际海事委员会(CMI)、英国全国船舶经纪人和代理人协会联合会(FONASBA)、英国航运总会(GCBS)于1980年12月联合颁发了《租船合同装卸时间定义》(Laytime Definitions of Charter Party,1980)(以下简称《80定义》)。BIMCO、CMI、FONASBA 及国际干货船船东协会(INTERCARGO)又联合制定了该定义的新版本,即《1993年航次租船合同装卸时间解释规则》(Voyage Charter Party Laytime Interpretation Rules,1993)(以下简称《93 规则》)。

上述规则都明确规定,装卸时间是指合同双方当事人协议的,出租人应保证船舶适于装卸,承租人在运费之外不支付任何费用的一段时间。也就是说,在合同规定的装卸时间内,出租人具有使船舶等待装卸的义务。

(二)装卸时间的规定方法

1. 规定装卸日数

租船合同中直接规定装卸日数,如装货 3 天,卸货 4 天。

2. 规定装卸速率

在租船合同中规定装卸速率,如"每日"(Per Day)、"每日每舱口"(Per Hatch Per Day)、"每日每作业舱口"(Per Working Hatch Per Day)或"每日每可作业舱口"(Per Workable Hatch Per Day)装卸多少吨货物等,然后依据实际装卸的货物量来计算出具体装卸时间。例如,若规定每日装货 5 000 吨,在装货完毕后实际检量装货 20 200 吨,则装货时间应为 4.04 天。

3. 按港口习惯尽快装卸(Customary Quick Despatch,CQD)

根据《80 定义》,按港口习惯尽快装卸是指出租人和承租人双方约定,按照装卸港口习惯的装卸方法和装卸能力,以尽可能快的速度进行装卸作业。除非出租人对该港的装卸效率非常了解,否则不要轻易接受此条款。

4. 以船舶能够收货或交货的速度(As fast as the vessel can receive/deliver)

根据《80 定义》,是指船舶处于完全工作状态下,能够最大限度进行装卸货的情况下所计算出的装卸时间。它只从船舶本身考虑,不管港口的装卸能力和仓储设施以及承租人提供或提取货物的能力及限度等因素。

由于"按港口习惯尽快装卸"、"以船舶能够收货或交货的速度"这两种方法没有规定一个确切的标准,按照这种术语计算装卸时间,极易产生纠纷,实践中难以操作,因此,在航次租船合同中应尽量避免使用。《93 规则》中已无这些规定。

(三)"日"的含义

尽管可以用《80 定义》和《93 规则》规范有关装卸时间术语的定义,但两者均非法律规定,必须通过合同当事人选择适用,方对合同产生法律约束力。因此,当装卸时间以"日"计算时,对"日"的含义及其适用哪个版本的解释规则应在合同中加以明确。以下按照《80 定义》对"日"的表述方法进行解释。

1. 日(Day)

又称日历日(Calendar Day),是指从午夜零点至次日午夜零点连续 24 小时的时间。以此种"日"表示装卸时间时,从装、卸货开始至装、卸货完毕时止,所经过的日历日数,就是总的装货或卸货的时间,不足一日的按一日计算。在此期间,所有不能进行装卸作业的时间(如星期日、节假日或天气不良)都将计入装卸时间。采用这一术语,对承租人最不利,它把不能进行装卸作业的风险全部转移给承租人,使其支付滞期费的可能性大大增加。

2. 连续日(Running Days or Consecutive Days)

连续日是指一天紧接着一天的日数(Follow one immediately after the other),不足一天的时间按比例计算。如果港口正常工作时间是 24 小时,实际作业 8 小时,则计算为 1/3 个连续日。

根据《93 规则》,"日"和"连续日"的含义相同,在实际工作不足一天的情况下,都按比例计算装卸时间(Any part of a day shall be counted pro rata)。

3. 工作日(Working Day,WD)

工作日是指未被租船合同明确排除于装卸时间之外,并且也不属于节假日的日数或部分时间。即不包括星期日(或双休日)和法定节假日,港口可以进行工作的日数。

采用这一术语时,多少个小时算作一个工作日,须按港口正常工作时间来确定。我国和世界上大多数国家的港口都以 8 小时为一个工作日,并且通常规定,法定节假日和星期日(或双休日)的前一日下午 6 时以后至法定节假日和星期日(或双休日)的次日上午 8 时以前,均不计为工作日。

“工作日”和“日”相比,对法定节假日或星期日(或双休日)给予了充分考虑,但它与“日”同样都没有考虑不良天气影响装卸作业的时间,对承租人不利。

4. 良好天气工作日(Weather Working Day,WWD)

又称晴天工作日,是指工作日或部分工作日中,不受天气影响,可以进行装货或卸货作业的时间。也就是说,除星期日(或双休日)和法定节假日外,因天气不良而不能进行装卸作业的工作日也不能计入装卸时间。所谓天气不良,通常是指因雨、雪、雾、风等不能进行装卸作业的天气。但这并不是绝对的,因为货种不同,对装卸作业天气条件的要求也不相同。

5. 24 小时良好天气工作日(Weather Working Day of 24 Hours)

《80 定义》没有对该术语进行解释。根据英国判例法,它是指不考虑港口规定的工作时间是多少个小时,以累计港口晴天工作 24 小时作为一个良好天气工作日。如果港口的工作时间规定为每天 8 小时,则 3 个正常的工作日才等于一个 24 小时良好天气工作日。显然,用这种术语表示装卸时间,对出租人不利。

6. 连续 24 小时良好天气工作日(Weather Working Day of 24 Consecutive Hours)

连续 24 小时良好天气工作日,是指除去星期日、节假日、天气不良影响装卸作业的工作日或工作小时后,其余所有时间从午夜至午夜连续计算,以 24 小时为一日的表示装卸时间的办法。

采用这种术语,不论港口规定的正常工作日是几个小时,均以 24 小时作为计算的基础,可以避免一个“24 小时良好天气工作日”可能跨越几个正常工作日的情况。

根据《93 规则》,“良好天气工作日”、“24 小时良好天气工作日”和“连续 24 小时良好天气工作日”这三个术语含义相同,全部为《80 定义》中“连续 24 小时良好天气工作日”的含义。

前面所述“良好天气工作日”、“24 小时良好天气工作日”和“连续 24 小时良好天气工作日”,本已将星期天、节假日和天气不良影响装卸作业的时间排除在外。但是,实践中为了使装卸时间的计算更加准确,往往对上述术语再做进一步的说明,如“良好天气工作日,星期日和节假日除外(Weather Working Day,Sunday and Holiday Excepted:WWDSHEX)”。鉴于某些港口在星期日或节假日也照常进行装卸,因此,有些合同在对装卸时间的术语做出说明的基础上,还进一步规定,如:除非提前开始(Unless sooner commenced),除非已使用(Unless Used,UU),除非已使用,但只计算实际使用的时间(Unless used,but only time actually used to count)。做出这样的说明之后,实际用于装卸的星期天和节假日即可计入装卸时间。也有的租船合同在装卸时间的术语后面,再加上即使已使用(Even if Used,EIU)的字样,以此来进一步强调,即使利用星期天或节假日进行装卸作业,也不计入装卸时间。

(四)装卸时间的起算

航次租船合同中一般都规定,装卸时间在船长向承租人或其代理人递交了“装卸准备就绪通知书”(Notice of Readiness,NOR)以后,经过一段通知时间,开始计算。例如金康1994规定,如果NOR是在1200时及以前递交的,装卸时间从1300时开始计算;如果NOR是在1200时以后递交的,装卸时间从下一个工作日0600时开始计算。

船长递交有效的NOR通常要具备以下条件:

1. 船舶必须抵达合同中指定的港口或泊位

即船舶必须是一艘到达船舶(Arrived Vessel)。按船舶必须到达指定地点的不同,航次租船合同可分为港口合同和泊位合同。

港口合同是指租船合同只规定船舶应抵达规定的港口,船舶一经到达该港口,不论是否靠泊,均视为到达船舶。

泊位合同是指租船合同规定船舶必须到达合同规定的或承租人指定的泊位,只有在船舶到达该泊位时,才视为到达船舶。显然,这种合同对出租人不利。在这种情况下,出租人为了避免港口拥挤不能及时靠泊带来的船期损失,常常要求在合同中加入“不论靠泊与否”(Whether in Berth or Not,WIBON)、“等泊时间计为装货/卸货时间”(Time lost waiting for berth to count as loading/discharging time)或“到达即可靠泊”(Reachable on Arrival)等条款,以便船舶一经抵达港口,即可递交NOR并起算装卸时间。

2. 船舶已在各方面做好装卸货物的准备

此项要求主要是指船舶已经做好与装卸货物有关的各项工作。例如船舶的吊杆或吊车、起货机及其他装卸工具已处于随时供装卸货物使用的状态;货舱已做到清洁、干燥、无虫、无味,适于装载货物;船舶已完成法律要求办理的海关、边防检查、卫生检疫等各项手续并取得相应证书。一些对装卸货物无关紧要的“例行手续”不在此要求之列。

(五)实际装卸时间的止算

航次租船合同中一般不规定装卸时间的止算时间,各国习惯上都以货物实际装/卸完毕作为装卸的止算时间。

**七、滞期费与速遣费**

(一)滞期费(Demurrage)

《93规则》规定:“滞期费,是指因不是出租人的责任所造成的,超过装卸时间产生的船舶迟延而付给出租人的约定金额。滞期不适用装卸时间的除外规定。”

滞期费应按照滞期时间和约定的滞期费率乘积计算,但是,滞期费率难以抵补船舶每天的维持费用,因此有的合同中规定允许滞期的时间,如金康1976明确规定“滞期时间为10个连续日”。当允许滞期的时间过后,装卸工作仍未完成的,船舶进入延滞损失(Damage for Detention)的计算。此时,不适用合同约定的滞期费率,承租人需按船舶滞留的实际损失赔偿船舶出租人,包括船舶因延长在港时间所发生的燃料费、港口使费、船员费及其他营运费用,以及船舶正常状态下可赚利润和因船舶滞留不得不终止或推迟后续合同引发的违约赔偿损失等。滞期时间的计算方法有以下两种:

1. 滞期时间连续计算(Dumrrage runs continuously)

又称“一旦滞期,永远滞期”(Once on demurrage, always on demurrage),是指船舶进入滞期后,即使遇到节假日、星期日、天气不良等停止工作的时间,也计入滞期时间直至装、卸完毕。

《93 规则》中“滞期费”含义本身已表明滞期时间是连续计算的。

2. 滞期时间非连续计算(Dumrrage runs uncontinuously)

又称“按相同的日”(Per like day),是指计算滞期的“日”的含义与计算装卸时间的“日”的含义相同。如果计算装卸时间使用 WWDSHEX,则计算滞期时间的“日”中就不包括上述除外的星期日、节假日和天气不良等原因停止装卸工作的时间,即在进入滞期后,仅将按约定可以计为装卸时间的断续时段计入滞期时间。

(二)速遣费(Despatch)

《80 定义》与《93 规则》均规定:“速遣费,是指船舶在装卸时间届满前完成了装货或卸货,船舶出租人支付的约定金额。”

实践中,速遣费率通常是滞期费率的一半。速遣费可被认为是出租人对承租人的一种类似运费回扣的奖励,但并非承租人节省了装卸时间就一定有权向出租人索取该项费用,除非合同中已订立“支付速遣费”条款。速遣时间的计算方法有以下两种:

1. 节省全部时间(All time saved,ATS)

该术语是指从装货或卸货完毕时起,至可用装/卸时间终止时止,包括所有除外时间在内的时间。即包括节假日、星期日、天气不良等停止工作时间在内的全部节省时间,也就是说速遣时间连续计算。

2. 节省全部工作时间(All working time saved,WTS)

该术语是指从装货或卸货完毕时起,至可用装、卸时间终止时止的期间中,不包括任何通知时间和装、卸时间的除外时间在内的速遣时间。也就是说,在节省的时间内,节假日、星期日及天气不良等停止装卸工作的时间,不计入速遣时间,即速遣时间非连续计算。

## 【拓展知识】装卸时间的使用与计算方式

航运实践中,通常使用装卸时间事实记录(Laytime Statement of Facts),来记录船舶从到达、等待、被引领入港到装货或卸货完毕这段时间内进行各项工作的起止日、时和各种待时的起止日、时。它是计算装卸时间的原始资料和凭证,由船长与承租人或其代理人共同签认。

装卸时间的使用与计算方式,直接会影响滞期和速遣时间计算及其结果,因此,双方当事人应明确规定采用哪种方式。

一、装、卸两港分别计算

这种方式是指按事先商定的装、卸时间日数,并根据实际使用装、卸日数,分别比较后,算出装货港和卸货港的滞期或速遣时间。如果合同装货港超过一个,可以按各港分别计算实际装货时间并相加,得出总装货时间日数,再与合同约定的装货时间日数比较后,算出滞期或速遣时间;卸货港也同样。

二、装卸时间的统算

如果合同中没有做出特别约定,装卸时间应以装、卸两港分别计算为原则。如果合同中有明确规定,也可将装、卸两港的时间统算,主要有以下两种约定的方法。

(一)可调剂使用的装卸时间(Reversible Laytime)

可调剂使用的装卸时间又称“装卸时间抵算”,是指承租人有权选择将约定的装货时间和卸货时间加在一起计算。如果行使了选择权,结果如同约定了一个装卸作业的总时间。它是一种可以用卸货港的可用时间调剂或者抵算发生在装货港的速遣时间或者滞期时间的一种装卸时间统算方法。

在采用这种方法的情况下,应分别为装货港和卸货港单独规定装货时间和卸货时间,并单独编制装、卸时间表。这种"调剂"或"抵算"的做法,在装货港不能单独计算滞期或速遣时间,只有在卸货港完成卸货后,才能算出装、卸两港总的滞期时间或速遣时间。为便于收货人能了解和准确计算卸货港可用卸货时间,装货港完成装货时应把用于装货的时间计入根据租船合同签发的提单上。

(二)装卸时间平均计算(To Average Laytime)

装卸时间平均计算又称"装卸时间均算",是指分别计算装货时间和卸货时间,用一个作业中节省的时间抵消另一作业中超用的时间。即以装货港节省的时间抵补卸货港的滞期时间,或以卸货港节省的时间抵补装货港的滞期时间,从而减少通常须以速遣费率的加倍费率支付滞期费的情况。

(三)装卸共用时间(All Purposes)

是一种将装货时间和卸货时间统一合起来使用的方法。只要装、卸两港实际使用的装卸总时间未超过合同规定的装、卸两港合计的可用时间,即可不算滞期时间。如果在装货港已将装、卸两港合计的可用时间用完,即在装货港已进入滞期。按照"一旦滞期,永远滞期"的原则,当船舶抵达卸货港后,立即连续计算滞期时间,为此承租人将丧失享受在卸货港正常的"通知时间"的权利。

## 【计算实例】装卸时间的使用与计算方式

如航次租船合同规定装货与卸货的可用时间各为5个连续24小时晴天工作日,星期日、节假日除外,罢工、停工时间也除外,滞期时间连续计算,速遣时间按节省全部工作时间计算,滞期费率为2 000美元/天,速遣费率为1 000美元/天。装卸两港实际使用时间事实记录如下表。

问题:请用两港分别计算、装卸时间平均计算、可调剂使用的装卸时间、装卸共用时间计算该船的滞期费和速遣费。

| 装港使用时间 | 星期一 | 星期二 | 星期三 | 星期四 | 星期五 | 星期六 | 星期日 | 星期一 | 星期二 |
|---|---|---|---|---|---|---|---|---|---|
| | 1天 | 1天 | 1天 | 1天 | 1天 | 停工 | 停工 | 1天 | 1天 |
| 卸港使用时间 | 星期三 | 星期四 | 星期五 | 星期六 | 星期日 | 星期一 | 星期二 | | |
| | 1天 | 1天 | 罢工 | 停工 | 停工 | 1天 | 1天 | | |

1. 两港分别计算

装港滞期4天,卸港速遣1天。承租人向出租人支付滞期费8 000美元,出租人向承租人支付速遣费1 000美元。相抵后,承租人应向出租人支付7 000美元。

2. 装卸时间平均计算

用卸港速遣的时间冲抵装港滞期的时间,该船滞期3天,承租人应向出租人支付6 000美元的滞期费。

3. 可调剂使用的装卸时间

用卸港的可用卸货时间5天冲抵装港的滞期时间4天。冲抵之后,卸港可用时间为1天,该船在卸港自星期四开始进入滞期,时间连续计算,滞期6天。承租人应向出租人支付12 000

美元的滞期费。

4. 装卸共用时间

装卸两港可用时间相加后共用时间是10个连续24小时晴天工作日，装港使用了7天，卸港可用时间还剩3天，卸港到星期一可用卸货时间用完，周二进入滞期，该船滞期1天，承租人支付给出租人2 000美元滞期费。

**八、提单**

航次租船合同中通常都规定，当货物装上船后，承租人可以要求出租人、船长或出租人的代理人签发由其提交的提单，从而使承租人有更多的机会来决定海运提单的形式和内容。这种提单被称为租船合同项下的提单或根据租船合同签发的提单。

航次租船合同项下的提单因持有人的不同而具有不同的性质。当提单由承租人持有时，该提单只能作为货物收据和交货凭证，出租人与承租人之间的权利、义务以租船合同为准；当提单由非承租人的发货人或收货人持有时，该提单不仅是货物收据和交货凭证，而且还是运输合同的证明，此时，出租人与提单持有之间的权利义务、关系适用于提单条款。

实践中，出租人为了避免航次租船运输下产生两份合同，而两者之间的权利、义务往往有所不同而使自己承担额外风险，总是希望自己不论对承租人还是非承租人的提单持有人都适用同一责任、权利和义务的规定，因此，通常船长签发提单时在其背面加注一条“并入条款”(Incorporation Clause)，注明将租船合同内容并入提单，其目的是使非承租人的发货人或收货人实际上受租船合同的约束。并入条款的措词应该清晰、明确、完整地将租船合同并入提单，否则，就可能会引致许多不必要的争议。例如“租船合同中的所有术语、条款、条件和免责事项，均适用于提单，并视为并入本提单”，这是一条措词范围很广的条款。

各国虽然对“并入条款”的宽严不一，但是普遍承认其效力。中国《海商法》第95条规定：“对按照航次租船合同运输的货物签发的提单，提单持有人不是承租人的，承运人与该提单持有人之间的权利、义务关系适用提单的约定。但是，提单中载明适用航次租船合同条款的，适用该航次租船合同的条款。”

**九、绕航条款**

航次租船合同中往往订有“自由绕航”条款，如金康94和金康76均规定：“船舶可以自由地为任何目的并以任何顺序挂靠任何港口，在所有情况下均可无引航航行、拖带和援助其他船舶，以及可以为救助人命和财产而进行绕航。”从字面上看，此规定下，船舶可随意驶离合同规定的或通常习惯的航线。实践中，各国法院通常对此做限制性解释，一般认为船舶只能按地理顺序挂靠合同规定的或习惯上挂靠的港口，并符合约定的绕航目的，不能与合同目的相抵触。

**十、运费的支付**

航次租船合同中规定，承租人应支付给出租人运费。运费有按载货吨数计算的，也有按包干运费计算的，这种计算法主要针对木材之类较难计算吨位的货物采用。承租人支付一笔固定的包干运费后，有权使用船舶的全部舱位。运费的支付有预付和到付两种形式，预付运费通常规定在签发提单或装货结束之后若干银行工作日内支付；到付运费的支付时间可在卸货前或交货当时。

**十一、责任终止与留置权条款**

该条款具有两层含义：其一，货物一经装船并预付了运费、亏舱费和装货港船舶滞期费以后，承租人便可终止其对租船合同的责任。其二，出租人得因未收取的运费、亏舱费和船舶滞期费而对承租人的货物行使留置权。但是,由于种种原因,出租人无法在目的港对于货物行使留置权或行使留置权受挫,则承租人仍然不能终止其对租船合同的责任。值得注意的是,金康94 合同取消了责任终止条款,只保留留置权条款,并且规定承租人应对装货港发生的运费、亏舱费和滞期费负责,还应对卸货港发生的运费和滞期费负责,但仅以船舶出租人通过对货物行使留置权而未能得到的款项为限。

**十二、出租人的责任与免责**

航次租船合同双方当事人之间的法律关系完全依租船合同条款确定。根据“合同自由”原则,只要双方当事人不违反本国法律,合同条款可由双方协调,随意达成。因此,不同的航次租船合同,出租人承担的责任可能各不相同。

例如,金康 76 和金康 94 合同均规定:“对货物的灭失、损坏或延迟交付的责任限于这些损害是由于货物积载不当或疏忽(托运人、承租人或其装卸工人或其受雇人员自行积载的除外),或由于出租人或其经理人本人未谨慎处理使船舶适航,保证妥善配备船员,装备船舶和配备供应品,或由于出租人或其经理人本人的行为或不行为所致时,出租人才予以负责。”可以看出,金康合同规定的船舶出租人应负责的范围较窄,对其相当有利。因此,承租人往往要求将此条款删除,通过“附加条款”或“首要条款”将《海牙规则》或某一国内法中有关承运人的责任条款并入,使其适用于航次租船合同的出租人。

除上述主要条款外,航次租船合同中还有共同海损与新杰森条款、佣金条款、罢工条款、战争条款、双方互有过失碰撞条款以及仲裁条款等,可参阅其他模块中的说明。

# 项目三　定期租船合同

**【项目介绍】**

我国《海商法》对定期租船合同的规定纳入“船舶租用合同”一章,国际上没有关于船舶租用合同的国际公约,各国一般也都不对此种合同做强制性规定,《海商法》第 127 条也做出了类似规定。船舶租用合同包括定期租船合同和光船租赁合同两种形式。

本项目主要介绍定期租船合同的基本概念、以 NYPE93 为例讲述定期租船合同主要条款的含义。

## 任务 3－1　掌握定期租船合同的基本概念

**【任务分析】**

我国《海商法》第六章调整的“船舶租用合同”,包括定期租船合同和光船租赁合同两种形式。《海商法》第 127 条规定:“本章关于出租人和承租人之间权利、义务的规定,仅在船舶租用合同没有约定或者没有不同约定时适用。”这表明,关于船舶租用合同的所有规定均为任意性条款。

本任务要求同学们理解定期租船合同的基本概念及其性质。

## 【相关知识】

**一、船舶租用合同的概念**

船舶租用合同(Charter Parties),是指船舶出租人向承租人提供约定的船舶,由承租人在约定期限内按照约定的用途使用,并支付租金的合同。

**二、定期租船合同的概念**

定期租船合同(Time Charter Parties)又称期租合同,是指船舶出租人向承租人提供约定的由出租人配备船员的船舶,由承租人在约定的期间内按照约定的用途使用,并支付租金的合同。

**三、定期租船合同的性质**

有关定期租船合同的性质,不同学者持有不同的观点,主要有海上货物运输合同说、租赁合同说、混合合同说、无名合同说等。受我国《海商法》编排章节的影响,很多学者认为定期租船合同不属海上货物运输合同。因为我国《海商法》第四章"海上货物运输合同"不适用于定期租船合同与光船租赁合同。定期租船合同与光船租赁合同当事人可自由拟定合同条款,不受干涉。

## 【议一议】

在定期租船合同就有关事项没有规定或规定不清时,应适用我国《海商法》第六章"船舶租用合同"一章解决,前提条件是本合同适用或约定适用我国《海商法》。如果第六章也没有规定,那应该适用什么法律解决呢?

# 任务3-2　掌握定期租船合同的主要条款

## 【任务分析】

本任务要求同学们掌握定期租船合同中的船速与燃油消耗量条款、交船与还船条款、航行区域与安全港条款、租金的支付与撤船条款、停租条款、使用与赔偿条款、转租条款等。了解航次租船合同与定期租船合同的主要区别。

## 【相关知识】

我国《海商法》第130条规定:"期租船合同的内容,主要包括出租人和承租人的名称、船名、船籍、船级、吨位、容积、船速、燃料消耗、航区、用途、租船期间、交船和还船的时间和地点以及条件、租金及其支付,以及其他有关事项。"

在定期租船合同中,通常订有以下主要条款:

**一、船速与燃油消耗量(Vessel's Speed and Fuel Consumption)**

定期租船合同中有关船名、船籍、建造年月、船级、载重吨、吃水、登记吨等船舶说明的内容,其规定、作用与航次租船合同中的类似。有关船速与燃油消耗量方面的规定,是不同于航次租船合同的一项重要说明。

在定期租船合同项下,承租人承担船舶的时间损失,负责提供船用燃料并支付费用。因此,船速及燃油消耗量直接关系到承租人在船舶营运期间的成本和经济效益。出租人有义务提供符合合同规定的船速与燃油消耗量的船舶。如果船舶的实际船速低于租船合同中约定的船速数值,对因此造成的时间损失,承租人可向出租人提出船速索赔(Speed Claim);如果船舶的实际燃油消耗量大于合同规定的数值,承租人也可因多消耗的燃油而造成的经济损失向出租人提出燃油消耗量索赔(Fuel Consumption Claim)。

NYPE93 船速与燃油消耗量条款规定:"在满载、良好天气状况下,最大风力不超过蒲福风级________级时,船速大约________节,燃油消耗量大约为________公吨(Speed about ________ knots, fully laden, in good weather condition up to and including maximum force ________ on the Beaufort wind scale, on a consumption of about ________ metric tons of ________)。"除合同另有约定外,船舶应在出租人交给承租人之时,符合此条款的约定。即使在租期内,船速下降或燃油消耗量增加,也不视为出租人违约。

上述规定适用于船舶满载(Fully Laden)状态,即船舶装载货物达到了特定航区、季节载重线的最大负荷时的船速和燃油消耗量。良好天气状况,有关的航海资料没有明确的规定,一般认为,风力不超过蒲氏4级(最大风速16海里/小时),海浪不超过道格拉斯3级(浪高3~5英尺)作为天气良好的标准。实践中,双方当事人应明确约定风力等级,以免日后产生不必要的争议。船速往往用"大约"字样来确定,司法实践中认为,其含义是允许出租人提供的船舶的速度低于合同约定船速数值的5%之内,在此范围内并不视为出租人违约,承租人无权提出船速索赔请求。耗油量是非常专业的问题,其大小与船速、油的质量密切相关。如果租船人所加的燃油质量低劣,不仅会使耗油量上升,而且有时会使船舶主机发生故障。因此,为了保障船东的利益,NYPE93 对燃油质量做了专门的规定,而 NYPE46 无此规定。

**二、交船(Delivery of Vessel)与还船(Redelivery of Vessel)**

(一)交船

交船是指出租人按合同规定,将船舶交给承租人使用。这是履行定期租船合同的开端,而租期的起算通常以船舶交付为前提。交船条款的内容主要涉及交船的时间、地点、状态及交船前的通知等事项。

1. 交船的日期

交船日期的订明通常有"在特定的时期内"、"从××日至××日"、"不早于××日,不晚于××日"等方式。出租人应在合同规定的期限内,将船舶交给承租人。多数期租合同规定,交船期的最后一天为解约日,出租人如未能在此日期前交船,承租人有权解除合同。

《海商法》第131条明确规定:"出租人应当按照合同约定的时间交船。出租人违反前款规定的,承租人有权解除合同。出租人将船舶延误情况和船舶预期抵达交船港的日期通知承租人的,承租人应当自接到通知时起48小时内,将解除合同或者继续租用船舶的决定通知出租人。因出租人过失延误提供船舶致使承租人遭受损失的,出租人应当负赔偿责任。"交船时间也应尽可能订得明确,如 NYPE93 规定有关时间的计算以格林尼治时间为准。

2. 交船的地点

合同中应订明具体的交船地点。如"在指定港口交船",即船舶只要进入指定港口的港区,就算抵达交船地点;又如"在指定码头或泊位交船",此时承租人要承担因等泊造成船舶延误而引起租金损失的风险。有时,交船地点订得更为具体,例如"到达引航站交船"(On Arrival

Pilot Station,APS)或“进港引航员登船时交船”(On Taking Inward Pilot,TIP)。

3. 交船时船舶的状态

出租人在将船舶交与承租人时,应谨慎处理,使船舶适航,并在各方面适于约定的用途。例如 NYPE93 规定:“船舶的所有货舱已准备就绪并清扫干净,适于装载约定的货物;船舶必须坚实、牢固、水密,在各个方面适应货物的要求;船舶必须有压舱水和足够的动力,能够同时运转所有的起货设备。”如果船舶在交船时不符合上述要求,承租人可以拒绝接船。《海商法》第132 条规定:“出租人交付船舶时,应当做到谨慎处理,使船舶适航。交付的船舶应当适于约定的用途。出租人违反前款规定的,承租人有权解除合同,并有权要求赔偿因此遭受的损失。”

合同中通常还规定交船时船上所剩燃料和淡水的数量,由承租人按一定的价格(如当时当地的市场价格或约定的价格等)购买。

(二)还船(Redelivery of Vessel)

还船,是指承租人按照合同约定的时间、地点和状态,将船舶还给出租人。还船时间一般是在约定的租期届满时,也可在明示或默示的宽限期内。但是,由于海上运输的特点,往往发生提前还船或延期还船,此时,承租人应对出租人的租金损失给予赔偿。

《海商法》第 134 条规定,经合理计算,完成最后航次的日期约为合同约定的还船日期,但可能超过合同约定的还船日期的,承租人有权超期用船以完成该航次。超期期间,承租人应当按照合同约定的租金率支付租金;市场的租金率高于合同约定的租金率的,承租人应当按照市场租金率支付租金。《海商法》对提前还船的损失赔偿问题未做规定,根据国外判例,出租人可以接受承租人的提前还船,并享有损害赔偿请求权,同时负有尽力减轻损失的义务,如设法将船舶租出去或安排其他方式的营运。

还船地点通常规定为两个或几个港口,或一个区域,由承租人选择。还船时船舶的状态应具有与交船时同样良好的状态,但正常损耗(Ordinary Wear and Tear)除外。合同中还规定还船时船上所剩燃油、淡水由出租人按约定的价格购回。

**三、租期(Period of Hire)**

租期是指定期租船合同中规定的承租人租用船舶的期限。租期的长短由当事人双方协商确定。租赁期限的规定通常有以下三种:

(一)合同订有明确的租赁期限,法律“默示”给予宽限期

例如合同规定租赁期限为“3 个月”或“6 个月”,则 3 个月或 6 个月的确切期限到期后仍可延长一段合理时间。司法判例中,一般 4 ~6 个月租期的,宽限期为 5 日;30 个月租期的,宽限期为 10 日。承租人在宽限期内还船,不视为违约。这一默示的原因是基于海上运输的特点,租期届满之日与承租人完成最后航次之日很难吻合。

(二)合同既订有确切的租赁期限,又有明示的宽限期

例如“6 个月租期,承租人可减少或延长 10 天”。这样,承租人可在宽限期内还船,法律也不再另给宽限期,即订明的宽限期被视为严格的租约期限。

(三)订明租期的最长最短期限

例如“最少 3 个月,最多 6 个月”(Min/Max 3 ~6 months)。此期限即为严格期限,不能增减。否则,就以承租人违约论处。

**四、航行区域与安全港口(Trading Limits and Safe Port)**

我国《海商法》第 134 条规定:“承租人应当保证船舶在约定航区内的安全港口或者地点

之间从事约定的海上运输。承租人违反前款规定的,出租人有权解除合同,并有权要求赔偿因此遭受的损失。”

(一)航行区域

航行区域即航区,是指定期租船合同中列明的承租人可以指示船舶前往的区域。通常,航行区域是在船舶保险合同约定的航区范围之内。实践中,有的合同还特别订明承租人不能指示船舶驶往的区域,例如战区、冰区、船东互保协会保证条款范围以外的地区、ITF(International Transport Works Federation,国际运输工人联盟)地区、与船旗国处于敌对状态的国家或地区、传染病流行的地区、冬季北半球高纬度地区等。如果承租人指示船舶前往上述地区,除非事先征得出租人同意并负担相关的费用,否则船长有权拒绝前往。

(二)安全港口

承租人应保证在约定的航区内所挂靠的港口或地点是安全的。即使船舶经出租人允许进入除外区域,除非合同另有约定,承租人保证港口安全的义务并不免除。定期租船合同中,出租人有义务在整个租期内保证所指定的港口的安全性。港口的安全性与航次租船合同中对安全港口的要求一致。

**五、合法货物(Lawful Merchandises)**

定期租船合同一般都规定,在租期内,船舶只能运送合法货物,并以除外的方式列明不可装运货物的种类、名称。凡属列明除外的货物,船东或船长均有权拒装。所谓合法,即符合装货港、卸货港、中途挂靠港所在地的法律、船旗国法律或合同所适用的法律。除外货物一般包括危险品和活牲畜。

例如 NYPE93 规定,船舶应被用于运输合法货物,不包括任何有危险性、伤害性、易燃性或者腐蚀性的货物,但是根据船舶登记国、装货港、卸货港或船舶必经水域的港口或国家的主管当局的要求或者指示运输的除外。在不影响上述一般原则的情况下,任何品名的牲畜、武器、弹药、爆炸物、核材料和放射性材料等应明确除外。另外,根据《1986 年美国毒品法案》的规定,承租人保证尽最大谨慎防止无舱单的麻醉药和大麻被装上船舶或隐藏在船上。

**六、租金的支付与撤船(Payment of Hire and Withdrawal of Vessel)**

(一)租金的支付

承租人应按照合同约定的租金率、币种、时间、地点和方式支付租金。按约定的方式准时、足额支付租金是承租人的主要义务。在整个租期内,承租人均需向出租人支付租金,除非发生合同中订明的可以停付租金的情况,或承租人能证明时间损失是由于出租人的违约行为而造成的。

租金通常按每天(或每月)若干金额计收。例如 NYPE46 中,租金是按日历月结算;NYPE93 租金按日或按 30 天为一月计算,并且规定每 15 天预付一次。承运人应准时、足额预付每一期租金,即出租人或其指定的银行应在每一期租金应付之日之前或当天收到该期租金。

(二)撤船

如果承租人不按时支付租金,出租人有权依据撤船条款将船舶撤回,从而终止合同。NYPE46 规定“未能按时、定期地支付租金即可撤船”;NYPE93 规定“如果承租人未能按时支付租金,或存在其他根本违约的行为,出租人可以撤回船舶,并索赔损失”。可见,不管承租人是否有过失,只要没有按合同规定准时、足额支付租金,出租人均可据此撤船。

撤船系出租人单方的法律行为,无需征得承租人同意或履行其他手续,但是行使撤船权应在合同规定的或合理的时间内行使，否则便构成弃权。实践中，承租人为了避免出租人以未准时付租金为由随便撤船，可在合同中订入“反技巧性条款”（Anti-technicality Clause），又称“抵御市场波动条款”，其含义是“当承租人没有准时、定期地支付租金时，出租人在撤船前应书面通知承租人在若干个银行工作日内予以弥补，只有在该期间内承租人仍未及时支付租金时，出租人才可撤船”。NYPE93 规定，承租人或其银行由于过失或疏忽未能准时支付租金时，出租人应给承租人一宽限期间。

**七、停租（Off-hire）**

停租，是指在租期内，由于约定的原因，致使承租人不能按合同规定使用船舶，在这段停止使用期间，租船人可以停付租金。停租不以船东或其雇员的过失或疏忽为前提条件，即只要出现了合同中约定的停租事件，则无论出租人及其雇员有无过错，船舶均应停租。除非约定原因的出现应归责于承租人。

NYPE93 规定的停租事项主要包括以下几种：船员不足或船员过失或罢工；船舶供应不足；火灾；船体、主机及设备的故障或损坏；搁浅；船舶由于被捕获而导致的延滞，但租船人方面的原因、导致船舶被捕的除外；船、货海损事故引致的延滞，但由于货物固有瑕疵、质量、缺陷引起的除外；船舶因检修或涂底入干坞；任何其他类似阻止船舶完整工作的原因。

《海商法》没有规定具体的停租原因。其第 133 条第 2 款规定：“船舶不符合约定的适航状态或者其他状态而不能正常营运连续满二十四小时的，对因此而损失的营运时间，承租人不付租金，但是上述状态是由承租人造成的除外。”

**八、使用与赔偿（Employment and Indemnity）**

定期租船合同中通常规定，承租人有权就船舶的营运向船长发出指示，包括指示船舶去什么港口装货，或去何港添加燃油、淡水，或指示船长向托运人签发提单等。船长是由出租人雇佣的，但是视为承租人的雇佣人员或代理人，有义务听从承租人关于船舶营运方面的命令和指示。承租人无权就船舶安全、船舶内部管理事务向船长发出指示。承租人的营运指示必须符合期租合同的规定，船长有权拒绝承租人那些危及船舶安全及适航的指示。如果船长因为听从承租人的指示，使船舶遭受损失，出租人可以从承租人那里得到赔偿。如果船长擅自拒绝承租人的合理指示，承租人有权要求出租人更换船长。

**九、出租人的责任与免责（Owner's Responsibilities and Exceptions）**

在定期租船合同中通常规定，出租人有义务提供适航的船舶，包括最初适航和维持适航两个方面。船舶最初适航是指在交船时，船舶应水密、坚实、牢固，并在各个方面适合于运输。维持船舶适航状态是指在整个租期内，维持船体、船机和设备处于充分有效的状态。在租期内船舶丧失适航状态，出租人有义务立即采取措施予以恢复。

期租中货物的装载、积载、平舱和卸载均有承租人负责，但通常规定“在船长的监督之下”（Under the Supervision of the Master）进行，即船长对承租人雇佣的装卸工人的作业应进行合理监督。

关于出租人的免责，尽管各种不同的定期租船合同范本都有规定，但是除了对船舶适航的保证外，几乎所有的责任都予以免除，过分地维护了出租人的利益。因此，实践中，承租人往往要求删除这类规定，另行订入一个首要条款，规定出租人的一切责任、免责和权利，适用《海牙规则》、《维斯比规则》或其他相应的某一国内法的约束。

## 十、转租(Sub-let)

定期租船合同中通常订有转租条款,规定承租人在合同期间可以将船舶转租给他人。但承租人与转租承租人订立的转租合同,在航行区域、货物范围等方面不能与原租船合同相抵触。如《海商法》第137条规定:“承租人可以将租用的船舶转租,但是应当将转租的情况及时通知出租人。租用的船舶转租后,原租船合同约定的权利和义务不受影响。”在几个标准定期租船合同范本中也有类似的规定。

在转租情况下,转租合同在出租人和转租承租人之间不构成任何合同关系。因此,出租人在原租船合同中的权利和义务不能转移给该合同的非合同当事人。转租承租人只能与该转租合同出租人,处理他们之间的合同关系。

此外,定期租船合同中还有共同海损条款、新杰森条款、双方互有责任碰撞条款、战争条款、仲裁条款、佣金条款等。

## 【测一测】单项选择题

1. ________是指由承运人或出租人在约定时间内,将一定数量的货物分批运至约定的港口,而由托运人或承租人支付运费的合同。

A. Voyage C/P　　B. Time C/P　　C. COA　　D. Bare Boat C/P

2. 在航次租船合同下签发提单时,根据提单中并入条款内容确定的船舶出租人的义务,与提单立法的强制规定不符时,出租人的义务________。

A. 根据并入条款的内容确定

B. 根据提单立法的规定确定

C. 在此情况下出租的义务不能确定

D. 不考虑并入条款的内容,根据提单确定

3. 根据我国《海商法》的规定,我国对质询条款的效力________。

A. 不承认　　B. 承认　　C. 有条件的承认　　D. 无相应的规定

4. 根据我国《海商法》的规定,在质询条款中,要求承租人做出回答的时间是________小时。

A. 12　　B. 24　　C. 36　　D. 48

5. 以下是航次租船合同中装卸费用分担条款的是________。

A. FOB　　B. CIF　　C. F. I.　　D. C&F

6. 在航次租船合同中,装卸费用条款采用FO,其含义是________。

A. 船方不负责装货费

B. 船方不负责卸货费

C. 船方既不负责装货费,也不负责卸货费

D. 船方既负责装货费,也负责卸货费

7. 在航次租船合同中,若船舶已发生滞期,以下哪种规定对船舶出租人有利? ________。

A. 按与装卸时间相同的“日”　　B. 一旦滞期永远滞期

C. 按节省的全部时间　　D. 按节省的全部工作时间

8. 在航次租船合同下,船舶的实际载货量是________。

A. 承租人与出租人在合同中约定的

B. 由承租人在合同约定范围内根据情况确定的
C. 由出租人在合同约定范围内根据情况确定的
D. 船长在合同约定范围内通过宣载确定的

9. 在航次租船合同中所约定的装卸时间是指________。
A. 承租人用于装卸货并向出租人支付费用的一段时间
B. 出租人用于装卸货的一段时间
C. 承租人用于装卸货并不需向出租人支付费用的一段时间
D. 法律所规定的一段时间

10. 在航次租船合同中，出租人明知在合同规定的解约日前船舶不能到达合同中规定的装货地点，则________。
A. 船舶出租人有权将船舶移作他用
B. 船舶仍应以适宜速度驶往指定装货地点
C. 出租人可以撤船
D. 出租人可以拒绝驶往指定装货地点

11. 在航次租船合同中，承租人与出租人关于装卸时间的规定方式通常有________。①规定具体的“日”；②按港口习惯尽快装卸；③按船舶能接或交的速度装卸
A. ①③　　B. ①②　　C. ②③　　D. ①②③

12. 在定期租船合同中无约定时，根据我国《海商法》，在下列________情况下出租人可解除合同。
A. 承租人未支付租金　　B. 承租人指定的港口不安全
C. 发生了停租事项　　D. 承租人指示船长装运除外货

13. 根据我国《海商法》规定，承租人可以将其租来的船舶转租，转租后原出租人与承租人之间的权利和义务________。
A. 根据新的租船合同确定　　B. 根据原租船合同确定
C. 根据提单确定　　D. 不能确定

14. 在定期租船合同与航次租船合同中，关于船舶说明条款的区别主要在于对________的说明。
A. 船舶吨位　　B. 船舶位置
C. 船籍　　D. 船速与燃料消耗率

15. 根据定期租船合同条款，如果租期内船舶达不到约定的船速，承租人可以________。
A. 不装货　　B. 任意解除合同
C. 扣租金　　D. 任意要求船东修船

16. 下列属于常用的定期租船合同格式的是________。
A.《金康合同》　　B.《澳大利亚谷物租船合同》
C.《纽约土产合同》　　D.《巴尔的姆C式》

17. 如果定期租船合同无规定，根据我国《海商法》规定，在租期内船舶参加了救助作业，对于获得的救助报酬，承租人________。
A. 无权获得任何救助款项　　B. 有权获得一定数量的救助款项
C. 有权获得全部的救助款项　　D. 无相应的规定

18. 在定期租船合同无约定的情况下,根据我国《海商法》规定,在租期内承租人对船舶________。

A. 可以转租　　B. 不得转租

C. 经主管部门同意可以转租　　D. 以原合同作废的情况下可以转租

19. 根据我国《海商法》的规定,关于定期租船的法律规定是________。

A. 强制性的　　B. 任意性的

C. 法律未做出规定　　D. 法律规定优先于合同约定

20. 在定期租船合同无约定的情况下,根据我国《海商法》的规定,承租人经合理计算,仍超过了规定的还船日期,则超期期间的租金________。

A. 考虑市场涨落,仍按合同支付

B. 考虑市场涨落,一律按市场价支付

C. 考虑市场涨落,市场比合同低时按合同支付,市场高时按市场支付

D. 不考虑市场涨落,一律按合同支付

21. 定期租船下,船长可拒绝执行承租人的下列________指示。①装载合同中列明的除外货物;②超过合同中规定的航区航行;③船舶安全管理;④前往青岛港加油

A. ①②③④　　B. ①②③　　C. ①②④　　D. ①③④

# 模块五 国际船舶代理业务

**【知识目标】**

- 理解代理的基本知识
- 掌握国际船舶代理相关知识

**【能力目标】**

- 知道有权代理、无权代理、滥用代理权的区别
- 知道国际船舶代理人的业务范围
- 了解使用船舶代理的基本原则

**【问题导入】**

国际船舶代理属于航运辅助业务,是航运业务不可或缺的业务环节,对承运人、托运人、收货人等与国际海上货物运输有关联的企业顺利、高效地实现合同目的起着非常重要的作用。实践中,当国际航行船舶穿梭于不同国家的港口时,通常需要办理哪些手续才能进港作业?办理这些手续必须由船公司或船长亲自完成吗?办理船舶在他国港口的各种手续可以委托各当地代理机构吗?国际船舶代理人的法律地位是什么?船舶代理人行使代理权限的依据是什么?

## 项目一 代理制度概述

**【项目介绍】**

代理作为一项独立的民事法律制度,是商品经济发展的必然结果。各国法律均规定民事主体可以借助他人的行为进行民事活动,避免了其受时间、专业知识、地域等的限制,使其民事行为能力得以扩展。这正是代理制度与商品经济的内在联系之所在,也是代理制度的存在价值。

本项目主要介绍代理的基本概念、特征、类型,我国对有权代理、无权代理及滥用代理权的相关法律规定。

## 任务1-1 掌握代理的基本概念

### 【任务分析】

本任务要求同学们掌握代理的基本概念、特征,代理的适用范围,了解因代理权产生的方式不同对代理种类的划分。

### 【相关知识】

**一、代理的概念**

(一)代理(Agency)的概念

在国际范围内,存在着对代理的不同理解。狭义的代理仅指直接代理,又称显名代理,大陆法系国家采用这种理解。广义的代理不仅包括直接代理,还包括间接代理,也称隐名代理。

1. 直接代理

是指代理人以被代理人的名义,在代理权限范围内与第三人为民事法律行为,由此产生的法律后果直接由被代理人承担的民事法律制度。我国《民法通则》所规定的代理,是直接代理,不包括间接代理。

2. 间接代理

是指代理人以自己的名义与第三人为民事法律行为,而使其法律后果间接地由被代理人承担的法律制度。我国《合同法》对间接代理做出了规定。

我国《合同法》第402条规定:"受托人以自己的名义,在委托人的授权范围内与第三人订立的合同,第三人在订立合同时知道受托人与委托人之间的代理关系的,该合同直接约束委托人和第三人,但有确切证据证明该合同只约束受托人和第三人的除外。"

根据我国《合同法》的规定,在间接代理情况下,因受托人(代理人)以自己的名义从事民事法律行为,合同关系在受托人(代理人)和第三人之间产生,如果符合法定条件,本人(委托人、被代理人)行使介入权和第三人行使选择权后,才可能使被代理人承受该代理行为的法律效果。可见,我国立法既在原则上确认显名代理,也在法定条件下承认隐名代理。我国民法实际上对代理采取的是广义上的概念。

(二)代理关系中的当事人

在代理制度中,代理关系涉及代理人、被代理人及代理行为相对人三方当事人。

1. 代理人(Agent)

是指代替他人实施民事法律行为的人。

2. 被代理人(Principal)

是指由他人代替本人来实施民事法律行为的人,也称本人。

3. 第三人(Third Party)

是指与代理人实施民事行为的人。

(三)代理活动中的法律关系

代理行为是能够在被代理人与第三人之间产生、变更或消灭某种民事法律关系的行为。最为常见的可借助于代理人实施的法律行为,为合同行为。在代理人之使命为代订合同的情况下,代理中必然涉及两个合同、三种关系;两个合同是被代理人与代理人之间签订的委托合同,以及代理人受被代理人的委托与第三人签订的合同,该合同的法律效果归属于被代理人;三种关系分别是被代理人与代理人之间的关系,称为代理的内部关系,代理人与第三人之间、第三人与被代理人之间的关系,称为代理的外部关系。

**二、代理的特征**

从我国《民法通则》关于代理的规定可以看出,代理具有如下特征:

(一)代理人应以被代理人的名义,并为被代理人的利益实施代理行为

以被代理人的名义意味着只有被代理人才是代理行为所产生的民事法律关系的主体,是代理区别于行纪或信托、居间等行为的重要特征。

(二)代理人在代理权限内独立进行意思表示

代理人必须根据法律的规定或他人的授权取得代理权限,才能以他人的名义进行代理行为。由于代理是被代理人利用代理人的技能为自己服务,因此,代理人的使命就是代他人为法律行为,如订立合同、履行债务、受领债的给付、请求损害赔偿等行为。作为代理人,必须是对意思表示有独立决定权利的人,尽管独立决定的权利有大有小。无论代理权的产生是基于何种法律事实,代理人都不得擅自变更或扩大代理权限,代理人在实施代理行为过程中超过代理权限范围所做出的意思表示不是被代理人的真实意思表示,其代理行为依法无效或被撤销、被变更。

(三)代理行为的法律后果直接归属于被代理人

代理行为的目的是实现被代理人增进自己利益的民事法律后果。代理人的代理行为在法律上视为被代理人的行为,其效力直接及于被代理人。可见,代理人是代理行为的实施者,而被代理人则是法律后果的承担者。这一观点反映了代理制度的目的,是代理最重要的特征。

**三、代理的适用范围**

在日常生活中,代理制度有着广泛的适用范围。根据代理的性质,代理的适用范围主要包括:

(一)以财产关系为内容的民事法律行为

适用于民事法律行为,即以意思表示为要件的行为。不以意思表示为要件的行为即事实行为不适用代理,如拾得遗失物。身份行为不适用代理,如结婚、离婚、收养、立遗嘱等。

(二)代理进行诉讼行为

诉讼行为也可以适用代理,如在民事诉讼、行政诉讼及刑事附带民事诉讼中,以原告、被告或第三人的诉讼代理人参加诉讼,维护本人的合法民事权益。

(三)代理其他具有实体法律意义的行为

代理还适用于财产行为以外的具有实体法律意义的行为,如代理他人进行房产登记、专利申请、商标注册、代理纳税等行为。

按照法律规定或者当事人的约定,应当由本人亲自实施的民事法律行为,不得代理,如演出合同的表演方应当亲自登台表演,不能由别人代演。凡是依照法定或当事人约定须由本人亲自实施的民事法律行为,本人未亲自实施的,应当认定行为无效。

**四、代理的类型**

根据代理权产生原因的不同,可以将代理分为三类:法定代理、委托代理和指定代理。

(一)法定代理

是指不需要被代理人授权,根据法律的规定而直接产生的代理关系。例如:《海商法》规定,遇险船舶的船长有权代表船舶所有人、船上财产所有人订立救助合同;提单由载货船舶的船长签发的,视为代表承运人签发。上述规定体现了船长具有法定代理的权限。

(二)委托代理

又称意定代理,是指根据被代理人的委托授权而产生的代理关系,其适用范围最为广泛。其中,被代理人又称为委托人,代理人又称为受托人。

委托代理一般建立在特定的法律关系基础之上,多数是委托合同关系,同时还须有被代理人对代理人授予代理权的意思表示,被代理人的这种授权意志是代理关系最终确立的关键。

在委托代理中,被代理人所做出的授权行为属于单方的法律行为,仅凭被代理人一方的意思表示,即可以发生授权的法律效力。被代理人有权随时撤销其授权委托,代理人也有权随时辞去所受委托。但代理人辞去委托时,不能给被代理人和善意第三人造成损失,否则应负赔偿责任。

(三)指定代理

是指根据法律授权机关的指定而产生的代理关系。指定代理主要适用于在社会生活或民事诉讼过程中需要代理人代为法律行为,而没有代理人或无法确认代理人的特殊情况。在此情况下,人民法院或行政主管机关依据法律的授权指定公民或法人充当代理人。在指定代理中,被指定的人称为指定代理人,依法被指定为代理人的,如无特殊原因不得拒绝担任代理人。

**【想一想】直接代理与间接代理的区别?**

| 项目比较 | 直接代理 | 间接代理 |
| --- | --- | --- |
| 代理人以谁的名义与第三人为民事法律行为 | 以被代理人的名义 | 以自己的名义 |
| 代理的法律后果归属于谁 | 直接归属于被代理人 | 先归属于代理人,再转给被代理人 |
| 被代理人能否直接对第三人主张权利 | 可以 | 在间接代理情况下,因代理人以自己的名义从事民事法律行为,合同关系在代理人和第三人之间产生,如果符合法定条件,被代理人行使介入权和第三人行使选择权后,才可能使被代理人承受该代理行为的法律效果。即在第三人不履约时,被代理人享有介入权,可以直接对第三人主张权利。而在代理人将被代理人披露后,第三人享有选择权,可选择直接对被披露出的被代理人主张权利。 |

## 任务1-2　了解行使代理权的基本原则

**【任务分析】**

为实现代理制度的目的,民事立法往往对于代理人行使代理权的行为规定了一定的法律原则，比如代理人行使代理权应当维护被代理人的利益，不得无权代理、不得滥用代理权、不得擅自转委托等。本任务要求同学们了解有权代理、滥用代理权及无权代理的含义、表现形式及法律后果。

## 【相关知识】

### 一、代理权行使的基本原则

代理权是代理人得以被代理人的名义与第三人实施法律行为，为被代理人设定、变更或消灭民事法律关系的权利。

为实现代理适用的宗旨和目的，民事立法往往对于代理人行使代理权的行为规定了相应的法律原则，具体表现在：

1. 代理人应当在代理权限范围内行使代理权，不得进行无权代理；
2. 代理人行使代理权应当维护被代理人的利益；
3. 代理人行使代理权应当符合代理人的职责要求；
4. 代理人原则上应当亲自完成代理事务，不得擅自转委托；
5. 代理人不得滥用代理权。

### 二、有权代理

代理人在代理权限内，以被代理人的名义实施民事法律行为。被代理人对代理人的代理行为，承担民事责任。

被代理人书面委托授权不明的，其应向第三人承担民事责任，代理人负连带责任。

代理人知道被委托代理的事项违法，但仍进行代理活动，或者，被代理人知道代理人的代理行为违法，但不表示反对，则由被代理人和代理人负连带责任。

### 三、滥用代理权

代理权的实质是实现被代理人的利益，而滥用代理权的行为，是代理人利用代理权从事有损于被代理人合法权益的行为，违背了代理权的设立宗旨和代理行为的基本准则，损害了被代理人的利益，为法律所禁止。

（一）滥用代理权行为的认定条件

1. 代理人拥有代理权；
2. 代理人在违反法律有关代理权行使的规则、要求的情况下行使代理权；
3. 已经或可能损害被代理人的利益。

（二）滥用代理权的表现形式

根据我国法律规定，滥用代理权的行为主要有以下三项：

1. 自己代理

是指代理人在代理权限内以被代理人的名义与自己为相对人而实施民事法律行为。在交易中，因各方当事人均追求自己利益的最大化，代理人应追求被代理人的最大利益。而在自己代理中，被代理人的利益和自己的利益同时由代理人一人衡量，代理人可能会为了自己的利益而牺牲被代理人的利益，这与代理制度的宗旨相违背，故各国民法均对自己代理加以禁止。

2. 双方代理

指代理人以被代理人的名义与自己代理的第三人为同一项法律行为，即一个代理人同时代理双方当事人进行民事法律行为。在交易中，由代理人同时代表双方当事人的利益，难免会顾此失彼,损害其中一方当事人的利益,故各国民法也对双方代理加以禁止。

3. 代理人与第三人恶意串通而为的代理行为

代理人在从事代理活动时应维护被代理人的利益,在其与第三人恶意串通时,往往将损害被代理人的利益,这违背了代理关系中被代理人对代理人的信任,是滥用代理权的极端表现形式,当为法律所禁止。

滥用代理权其法律后果表现为,代理人和第三人应对被代理人的损害负连带责任;代理人兼任双方当事人的代理人进行同一项民事活动,损害一方或双方当事人的利益,应由代理人承担责任。

**四、无权代理**

(一) 无权代理的概念

是指行为人不具有代理权而以被代理人的名义实施的代理行为。无权代理在形式上与代理相似,但并非真正代理。无权代理人实施的民事法律行为具有一般代理行为的表面特征,即代理人以独立进行意思表示为使命,并且代理人以被代理人的名义进行活动,却因其欠缺代理权而不能将代理行为的法律后果直接归属于被代理人。

在狭义无权代理中,如果本人对代理行为予以追认,则无权代理变成有权代理;如果无权代理符合表见代理的构成要件,则该代理直接发生代理的法律效果。

(二) 无权代理的表现形式

依据我国《民法通则》第 66 条的规定,行为人不具有代理权有下列三种情况:

1. 未经授权的"代理"

民事主体未经他人授权,也没有法律的规定或国家主管机关的指定而擅自以他人名义所为的行为。

2. 代理权终止后的"代理"

代理权基于被代理人的撤销、有效期限届满、代理事务已完成或者被代理人取消委托关系等原因,被代理人与代理人之间的代理关系已不复存在,但原代理人仍以被代理人的名义实施民事行为。

3. 超越代理权限的"代理"

是指代理人与被代理人之间有代理关系存在,但是代理人超越了被代理人的授权范围。超越代理权限的部分属于无权代理。

(三) 无权代理的效力

无权代理行为发生后,其法律效力处于不确定状态,又叫效力待定的行为。为了稳定社会经济关系,我国《民法通则》及《合同法》有关条款规定了有关当事人处置无权代理的各项权利及其法律后果。

1. 本人的追认权和拒绝权

(1)追认权

是指本人对于他人没有代理权、超越代理权或者代理权终止后擅自以本人名义实施的无权代理行为承认其效力,同意承担其法律后果的权利。即本人对无权代理行为事后予以承认的一种单方意思表示。

该权利实质上是对代理权的补授,属于形成权。无权代理一经本人行使追认权予以追认即转变为有权代理,该行为自始产生的法律后果皆由本人承担。追认的方式有两种:一是明示的追认；二是默示的同意，即本人明知代理人无权代理而不作否认表示的，视为同意。而第三人明知代理人无权代理，仍与代理人实施民事行为，而对本人造成损害时，由第三人和代理人负连带责任。

(2)拒绝权

是指本人对于他人没有代理权、超越代理权或者代理权终止后擅自以本人名义实施的无权代理行为不予以追认的权利。

本人拒绝追认，意味着本人不同意承受无权代理的法律后果。基于本人拒绝追认，无权代理的无效从或然状态转变成最终确定无效。即未经追认的行为，由行为人承担民事责任。无权代理行为自始发生的法律后果均对本人不产生法律效力。

2. 第三人的催告权和撤销权

(1)催告权

是指第三人催促被代理人在一定期限内明确答复是否承认无权代理合同。按我国《合同法》的规定，催告应以明示的方式做出，如果被代理人在第三人催告后的1个月内未做表示的，则视为拒绝追认。

(2)撤销权

是指善意第三人在被代理人行使追认权之前，解除与无权代理人所为民事行为的权利。按我国合同法的规定，在无权代理被追认之前，善意第三人有撤销其与代理人所为民事行为的权利，而且第三人行使撤销权时，应当以通知的方式做出。第三人行使撤销权之后，被代理人就不得再追认了。但是，恶意的第三人(知道对方没有代理权而与其从事民事行为的)依法丧失撤销权。

对于确定无效的无权代理所产生的后果，由无权代理人承担。但是，如果第三人知道对方无权代理还与其实施民事行为，给他人造成损失的，由无权代理人与第三人负连带责任。

## 【案例讨论】

2007年7月5日，甲授权乙以甲的名义将甲的一台笔记本电脑出售，价格不得低于8 000元。乙的好友丙欲以6 000元的价格购买。乙遂对丙说："大家都是好朋友，甲说最低要8 000元，但我想6 000元卖给你，他肯定也会同意的。"乙遂以甲的名义以6 000元将笔记本电脑卖给丙。

讨论：该买卖合同有效吗？乙有权以6 000元出卖电脑给丙吗？乙可以撤销买卖合同吗？

## 【拓展知识】表见代理

一、表见代理的概念

是指没有代理权、超越代理权或者代理权终止后的无权代理人以被代理人名义进行的民事行为在客观上使第三人相信其有代理权而实施的代理行为。即本人的行为足以使善意第三人相信无权代理人具有代理权，基于此项信赖而与无权代理人进行法律行为，由此造成的法律效果归属于本人的代理。

例如：被代理人向代理人授权时以口头方式规定了代理权的有效期限，但是该有效期限在书面的授权文件中却未予以记载，从而当该有效期限届满后，第三人并不能从书面授权文件中得知代理权已终止而与其进行的民事行为，就属于表见代理。

表见代理属于广义的无权代理,表见代理人虽也无代理权,但法律强使其发生有权代理的法律效果。表见代理的作用在于维护交易安全,保护善意第三人的合法权益。

二、表见代理的构成要件

(一)代理人在实施代理行为时存在无权代理行为

如果代理人在实施代理行为时享有代理权,则属于有权代理,不发生表见代理的问题。

(二)客观上存在使善意第三人相信无权代理人具有代理权

该要件以行为人与本人之间存在某种事实上或法律上的联系为基础,至于此种联系是否存在或是否足以产生无权代理人被授予代理权的外表或假象,应依一般交易情况进行考察。

(三)第三人主观上是善意的且无过错

即第三人对行为人未获得本人的授权不知情,而且第三人的不知情并非由其过失造成的。

(四)无权代理人与第三人进行法律行为符合法律行为的有效要件

即使第三人有正当理由相信无权代理人有代理权,但如其未与无权代理人实施法律行为,仍不产生表见代理的问题;在第三人与无权代理人实施的法律行为不具备生效要件时,也不成立表见代理。

三、表见代理的效力

表见代理依法产生有权代理的法律效力,即无权代理人与第三人之间实施的民事法律行为对于被代理人具有法律约束力,被代理人与第三人之间产生、变更或消灭相应的法律关系。

表见代理也为我国法律所确认,根据《合同法》规定:“行为人没有代理权、超越代理权或者代理权终止后以被代理人名义订立合同,相对人有理由相信行为人有代理权的,该代理行为有效。”其意义在于维护代理制度的诚信基础。

**【案例讨论】**

张某是某企业的销售人员,随身携带盖有该企业公章的空白合同书,便于对外签约。后来张某因收取回扣被企业除名,但空白合同书未被该企业收回。张某仍以此合同书与他人签订购销协议。

讨论:该购销协议是否成立?可否撤销?

# 项目二　国际船舶代理业务

**【项目介绍】**

国际船舶代理行业作为国际海上运输辅助业,往往比船公司能更有效地安排、处理国际航行船舶在港的各项业务,更经济地为船舶提供各项服务,加速船舶周转,降低运输成本,为船舶在各国之间的往来提供便利,同时促进航运发展和贸易发展。故各国船公司在绝大多数港口都采用委托代理的办法来照顾自己的到港船舶。

本项目主要介绍国际船舶代理人的概念、国际船舶代理关系的分类、国际船舶代理人的种类及其主要业务范围。

## 任务2-1　掌握国际船舶代理的基本概念

**【任务分析】**

本任务要求同学们掌握国际船舶代理人的概念及种类、国际船舶代理关系的分类。

**【相关知识】**

**一、国际船舶代理人的概念**

国际船舶代理人是指接受船舶所有人、船舶经营人或船舶承租人的委托,在授权范围内代表委托人办理与在港船舶有关的业务,提供有关的服务或者进行与在港船舶有关的其他法律行为的法人或公民。

**二、国际船舶代理人的种类**

国际船舶代理属于综合性服务行业,其经营范围十分广泛,国际船舶代理人既可以接受船舶所有人或经营人的委托,代办班轮船舶的营运业务和不定期船的营运业务,也可以接受船舶承租人的委托,代办其所委托的有关业务。在不同的船舶营运方式下,当事人所委托代办的业务有所不同。因此,根据委托人和代理业务范围不同,国际船舶代理人可分为班轮运输代理人和不定期船运输代理人两大类。

(一)班轮运输代理人

1. 班轮运输船舶总代理

在班轮运输中,班轮公司在船舶停靠的港口委托总代理人。该总代理人的权利、义务通常由班轮代理合同的条款具体规定,代表班轮公司的利益处理各种有关事务。总代理人的工作通常包括为班轮公司制作船期公告,揽货,办理订舱,收取运费,制作运输单证,代签提单,管理船务和集装箱,代理班轮公司就有关费率及班轮公司业务等事宜与政府主管部门合作。总之,总代理必须根据班轮公司的授权范围进行相应的代理工作。

2. 订舱代理人

班轮公司为了使自己所经营的班轮运输船舶能在载重和舱容上得到充分的利用,除了在班轮运输航线的基本挂靠港委托总代理外,还会委托一个或多个订舱代理人,以方便货主,从而更广泛地争取货源。订舱代理人通常与货主有着广泛而良好的业务联系,因而能为班轮公司创造良好的经济效益,同时能为班轮公司建立起一套有效的货运程序。

(二)租船运输代理人

1. 船舶所有人代理人

是指接受船舶所有人的委托,为其代办与在港船舶有关的包括办理清关手续、安排拖船、引航员和货物装卸等业务的代理人。租船合同中通常规定船舶所有人有权在装卸港口指派代理人。

2. 船舶经营人代理人

定期租船中的承租人作为船舶经营人,将船舶以航次租船的形式出租时,有权在装卸港口安排船舶代理人。该代理人接受船舶经营人的授权,为船舶经营人代办与在港船舶有关的业务。

3. 承租人指名的代理人

根据航次租船合同的约定,承租人有权提名代理人,船舶所有人必须委托由承租人所指定的代理人作为自己所属船舶在港的代理人,并支付代理费和港口的各种费用。此时船舶代理人除了要保护委托人(船舶所有人)的利益外,还要对船舶承租人的利益负责。

4. 保护代理人

在港口的代理人是由承租人提名的情况下,船舶所有人或者经营人为了保护自己的利益,会在委托了承租人提名的代理人作为在港的船舶代理人之外,再另外委托一个代理人来监督承租人提名代理人的代理行为,该代理人为保护代理。同样,根据租船合同的规定,代理人由船舶所有人或者经营人指派时,船舶承租人也可能在装卸港口指派自己的代理人,以保护自己的利益。

5. 船务管理代理人

在定期租船合同下,承租人已经在港口委托代理人时,船东通常视当时情况和需要以决定是否委托船务管理代理人。船务管理代理人是为船舶代办诸如补充燃物料、联系修船事宜、船员服务等与船舶的装卸货物无关的业务。

6. 不定期船总代理

总代理是特别代理的对称,其代理权限的范围相当广泛,可以包括代表不定期船船东安排货源、支付费用、选择再代理人并向其发出有关指示等。委托人授予代理人代理权是建立在对代理人的知识、技术、才能和信誉等信任的基础之上的。

**三、国际船舶代理关系的分类**

在船舶到达某一港口之前,委托人首先要在该港选定为船舶代办在港期间各项业务的代理人,并根据船舶到港的频繁程度确定代理关系的形式。根据代理关系持续时间的长短、委托人主次地位的不同,国际船舶代理关系可分为以下几种形式:

(一)长期代理(Agency on Long Term Basis)

是指船公司根据其船舶营运的需要,在经常有船前往挂靠的港口选择适当的代理人,与其签订长期委托代理协议,负责照管到港的所有属于本公司的船舶的代理关系。长期代理关系建立后,船舶来港不需逐船逐航次委托,只需在规定的时间内将预计到港的船舶安排、装卸计划等提前通知代理人,并预先支付一笔备用金,每月或按季度结算一次。

建立长期代理关系可以简化委托和财务往来结算手续。就班轮运输而言,船舶经常往返于固定航线的固定挂靠港之间,以建立长期代理关系更为合理。长期代理关系,既可以通过签订正式的专门委托代理合同而建立,也可采用由委托人以书面形式向代理机构提出委托,经代理机构确认接受的方式来建立。实践中后者较为常用。在不定期船运输中,船舶挂靠港口的时间间隔不固定,采用长期代理的不是很多。

(二)航次代理(Agency on Trip Basis)

是指对不经常来港的船舶,在每次来港前,由船公司逐船逐航次临时委托船舶代理机构,办理该航次船舶在港业务的一种代理关系。船舶在港的费用和代理费均由代理人以航次结算单与船公司一次结算。航次代理的情况下一般需预先索汇备用金,船舶在港作业或所办事务结束离港,代理关系即告终止。通常,需要按航次委托代理的情况包括:

1. 承运 FOB 出口货和 CIF 或 CFR 进口货的国外派船;

2. 承运 FOB 进口货和 CIF 或 CFR 出口货的本国承租人租用外籍船舶的航次租船;

3. 来港办理交接手续的买船或卖船；

4. 办理交船和还船手续的定期租船；

5. 专程来港修理，避难，船员就医，添加燃料、淡水、伙食等项事宜的船舶。

（三）第二委托方代理

实践中，有时船舶代理人与就同一船舶同一航次的两个以上的委托方建立代理关系，按代理关系的主次地位，负责结算船舶港口使费和代理费的是第一委托方，在一个航次中，第一委托方只能有一个。而第二委托方是要求代理人代办同一艘船舶有关业务的其他委托人，可能有一个以上，也可能没有。

比如，在定期租船中，承租人向船舶代理人发出委托合同，授权代办船舶进出港、安排泊位、货物装卸等业务，并结算港口使费和代理费，是委托方；而出租人为了办理船员遣返、补给、修船等业务委托同一代理人，从而建立了第二委托方代理关系。

## 任务2－2　了解国际船舶代理的业务范围及使用原则

### 【任务分析】

本任务以我国《国际海运条例》为例，介绍国际船舶代理经营者的业务范围，要求同学们了解国际船舶代理人代办船舶进出港手续方面的工作，了解使用国际船舶代理的基本原则及可委托的在港业务。

### 【相关知识】

#### 一、国际船舶代理的业务范围

《中华人民共和国国际海运条例》第29条规定："国际船舶代理经营者接受船舶所有人或者船舶承租人、船舶经营人的委托，可以经营下列业务：（一）办理船舶进出港口手续，联系安排引航、靠泊和装卸；（二）代签提单、运输合同，代办接受订舱业务；（三）办理船舶、集装箱以及货物的报关手续；（四）承揽货物、组织货载，办理货物、集装箱的托运和中转；（五）代收运费，代办结算；（六）组织客源，办理有关海上旅客运输业务；（七）其他相关业务。国际船舶代理经营者应当按照国家有关规定代扣代缴其所代理的外国国际船舶运输经营者的税款。"

可见，船舶代理业务是一项综合性的服务业务，范围广泛。几乎所有原来属于船公司的船舶在港业务，船舶代理公司或代理行都能代办。尽管各代理公司或代理行都有自己的代理章程，但业务范围大致相同，主要有以下几方面：

（一）船舶进出港手续与客货运输业务

办理船舶进出港口和水域的申报手续，联系安排领航、泊位；办理进出口货物的申报手续，联系安排装卸、理货、公估、衡量、熏蒸、监装、监卸及货物与货舱检验；组织货载，洽订舱位；代办货物查询、理赔、溢卸货物处理；代签提单及运输合同，代签船舶速遣滞期协议，编制装卸时间事实记录；代售客票、办理旅客上下船手续等。

（二）船舶、船员及其他服务工作

洽办船舶检验、修理、熏舱、洗舱、扫舱以及燃料、淡水、伙食、物料等的供应；代办船员护照、领事签证，传递船员邮件、安排船员就医、调换、遣送、参观游览等。

(三)其他工作

联系海上救助,洽办海事处理;经办船舶租赁、买卖的交接工作,代签租船和买卖船合同;代购和转递船用备件、物料、海图等;提供业务咨询和信息服务等;结算港口费用。

为了及时地结算港口费用,船舶代理公司应及时向港口计费部门提供船舶性质(指船舶属于外轮、租船、国轮或中外合营船舶)、吨位、付费对象(主要指货物的装卸费、起货机工力费等付费对象)、舱单、货物积载图等船舶资料。

**二、国际航行船舶进出中国港口通常办理的手续**

船舶进出各国港口,常因各国具体情况和主管机关要求的不同,而使所需办理的手续和提交的单证不同。因此,当船舶进出某国港口前,应广泛了解该国家或港口的各项有关规定,以避免因办手续不及时而发生船舶在港的待时或经济上的损失。本部分重点介绍国际航行船舶进出中国港口通常办理的各项手续。

(一)海关手续

国际航行船舶进出境,必须向海关如实申报,办理有关船舶、船员及其所载货物的申报手续,以便海关对所载货物、行李等实施监管。海关办理相关手续的依据主要是《中华人民共和国海关法》、《国际航行船舶进出口岸检查办法》、《中华人民共和国海关对进出境国际航行船舶及其所载货物、物品监管办法》和《中华人民共和国船舶吨税暂行条例》等。

1. 进港手续

(1)船长或船舶代理人应当将船舶到港时间提前24小时通知海关,将船舶装卸货物、物品的时间事先通知海关。

(2)船舶进港时,船长或船舶代理人应当向海关如实申报,并递交下列单证:船舶进口报告书,进口载货清单,进境旅客清单,船员清单,船员自用和船舶备用物品、货币、金银清单,船员自用和船舶备用烟、酒加封清单,船舶进出境(港)海关监管簿(境外船舶免交),海关监管需要的其他单证。

(3)缴纳船舶吨税。根据各国有关法律规定,除因避难或检疫而临时入港时不缴纳船舶吨税外,凡对外贸易船舶进入对外开放港口,必须按船舶吨位按次或按期缴纳吨税。

(4)国际航行船舶进港后,需向海关提交进口载货清单办理船舶进口手续,才能开始装卸货物。船舶到港时,如果船长或船舶代理人不能及时提供齐全的进口载货清单,须向海关出具保证函,并经海关同意后可以先行卸货,但应当在卸货后24小时以内将齐全的进口载货清单补交海关。

(5)如果船舶进港后不进行货物装卸,并在24小时以内出港,一般不需要办理上述入港手续,只需在进港时向海关提出入港申报书即可。

(6)海关检查船舶时,船舶负责人应当到场,并按照海关的要求指派人员开启船上的舱室、房间、储存处所;有走私嫌疑的,并应当开拆可能藏匿走私货物、物品的部位,搬移货物、物料等。必要时,海关有权集中船员和暂时加封船员房间或其他部位。海关检查完毕,船舶负责人应当在海关检查记录上签注。海关根据工作需要,可派员在国内随船或驻船执行监管任务,船方应提供方便。

船舶停港期间,船舶、船员所有的烟酒应当由海关加封(海关规定留用限量除外)。对船用物料和船舶、船员所有的货币、金银,可以由海关视情予以加封,船舶负责人应当保护海关封志的完整。如需启封,应当由船舶负责人向海关书面申请。必要时,船舶负责人还应提供交通工具。

2. 出港手续

(1)船舶出境时,应当向海关如实申报。船舶负责人或其代理人应当向海关递交下列单证:出口载货清单、出境旅客名单(无更动的免交)、船员名单(无更动的免交)、船舶进出境(港)海关监管簿(境外船舶免交)、海关监管需要的其他单证。

(2)货物装船完毕后,船方编制出口载货清单,经船长签字后,据以向海关办理出口报关,经海关同意后,即可起航。出口货物发生退载,船舶负责人或其代理人应当于货物装船完毕前向海关报明。

(3)船舶起卸进口货物、物品完毕后,船舶负责人应当将反映实际起卸情况的交接单据和溢、短、误、损记录在24小时内送交海关。溢卸、短卸和误卸货物经海关确认由原装载船舶负责人或货物所有人从起卸之日起三个月内向海关分别办理退运、进口等手续。必要时,经海关批准,可以延期三个月。逾期不办手续的,由海关处理。

(4)船舶进港后驶往境内其他港口前,境外船舶负责人应当向海关递交转港报告书,并将海关关封完整无损地带交下一港口海关。境内船舶离港前,应当由海关在船舶进出境(港)海关监管簿上批注。

(二)检疫手续

为了便利国际航行船舶进出我国口岸,加强对国际航行船舶出入境检验检疫管理,国家质量监督检验检疫总局于2003年3月1日起施行了《国际航行船舶出入境检验检疫管理办法》。该办法是对国际航行船舶进出口岸办理检验检疫手续的主要法律依据。

1. 入境检疫

入境的船舶必须在最先抵达口岸的指定地点接受检疫,办理入境检验检疫手续。接受入境检疫的船舶,必须按照规定悬挂检疫信号,在检验检疫机构签发入境检疫证书或者通知检疫完毕以前,不得解除检疫信号。除引航员和经检验检疫机构许可的人员外,其他人员不准上船;不准装卸货物、行李、邮包等物品;其他船舶不准靠近;船上人员,除因船舶遇险外,未经检验检疫机构许可,不得离船;检疫完毕之前,未经检验检疫机构许可,引航员不得擅自将船舶引离检疫锚地。入境检验检疫包括检疫申报、检疫方式、船方应提交单证等方面内容。

(1)检疫申报

船方或者其代理人应当在船舶预计抵达口岸24小时前(航程不足24小时的,在驶离上一口岸时)向检验检疫机构申报,填报入境检疫申报书。如船舶动态或者申报内容有变化,船方或者其代理人应当及时向检验检疫机构更正。

入境检疫的船舶,在航行中发现检疫传染病、疑似检疫传染病,或者有人非因意外伤害而死亡并死因不明的,船方必须立即向入境口岸检验检疫机构报告。

(2)检疫方式

检疫机构根据规定对申报船舶做出批复,指定检疫地点和检疫方式,并及时通知船方或者其代理人。主要检疫方式有锚地检疫、电讯检疫、靠泊检疫与随船检疫。

①应当实施锚地检疫的船舶

来自检疫传染病疫区的;来自动植物疫区,国家有明确要求的;有检疫传染病病人、疑似检疫传染病病人,或者有人非因意外伤害而死亡并死因不明的;装载的货物为活动物的;发现有啮齿动物异常死亡的;废旧船舶;未持有有效的除鼠/免予除鼠证书的;船方申请锚地检疫的;

检验检疫机构工作需要的。

②应当实施电讯检疫的船舶

持有我国检验检疫机构签发的有效的交通工具卫生证书，且不属于应当进行锚地检疫的船舶，经船方或者其代理人申请，检验检疫机构应当实施电讯检疫。

船舶在收到检验检疫机构同意电讯检疫的批复后，即视为已实施电讯检疫。船方或者其代理人必须在船舶抵达口岸 24 小时内办理入境检验检疫手续。

适用电讯检疫的船舶主要是班期相对固定且经常来的船舶。

③靠泊检疫的船舶

对未持有有效的交通工具卫生证书，且不属于应当进行锚地检疫的船舶，或者因天气、潮水等原因无法实施锚地检疫的船舶，经船方或者其代理人申请，检验检疫机构可以实施靠泊检疫。

④随船检疫

检验检疫机构对旅游船、军事船、要人访问所乘船舶等特殊船舶以及遇有特殊情况的船舶，如船上有病人需要救治、特殊物资急需装卸、船舶急需抢修等，经船方或者其代理人申请，可以实施随船检疫。

检验检疫机构实施登轮检疫时，应当在船方人员的陪同下，根据检验检疫工作规程实施检疫查验。

(3)提交的单证

办理入境检验检疫手续时，船方或者其代理人应当向检验检疫机构提交航海健康申报书、总申报单、货物申报单、船员名单、客名单、船用物品申报单、压舱水报告单及载货清单，并应检验检疫人员的要求提交除鼠/免予除鼠证书、交通工具卫生证书、预防接种证书、健康证书以及航海日志等有关资料。

(4)经检疫签发相关证书

①检验检疫机构对经检疫判定没有染疫的入境船舶，签发船舶入境卫生检疫证；

②对经检疫判定染疫、染疫嫌疑或者来自传染病疫区应当实施卫生除害处理的或者有其他限制事项的入境船舶，在实施相应的卫生除害处理或者注明应当接受的卫生除害处理事项后，签发船舶入境检疫证；

③对来自动植物疫区经检疫判定合格的船舶，应船舶负责人或者其代理人要求签发运输工具检疫证书；

④对须实施卫生除害处理的，应当向船方出具检验检疫处理通知书，并在处理合格后，应船方要求签发运输工具检疫处理证书。

2. 出境检疫

根据《国际航行船舶出入境检验检疫管理办法》的规定，出境的船舶在离境口岸接受检验检疫，办理出境检验检疫手续并应注意以下问题：

(1)出境的船舶、船方或者其代理人应当在船舶离境前 4 小时内向检验检疫机构申报，办理出境检验检疫手续。已办理手续但出现人员、货物的变化或者因其他特殊情况 24 小时内不能离境的，须重新办理手续。

(2)船舶在口岸停留时间不足 24 小时的，经检验检疫机构同意，船方或者其代理人在办理入境手续时，可以同时办理出境手续。

(3)对装运出口易腐烂变质食品、冷冻品的船舱,必须在装货前申请适载检验,取得检验证书。未经检验合格的,不准装运。

(4)装载植物、动物产品和其他检疫物出境的船舶,应当符合国家有关动植物防疫和检疫的规定,取得运输工具检疫证书。对需实施除害处理的,做除害处理并取得运输工具检疫处理证书后,方可装运。

(5)办理出境检验检疫手续时,船方或者其代理人应当向检验检疫机构提交航海健康申报书、总申报单、货物申报单、船员名单、旅客名单及载货清单等有关资料(入境时已提交且无变动的可免于提供)。有上述《管理办法》第十九条所列情况的,应当提交相关检验检疫证书。

(6)经审核船方提交的出境检验检疫资料或者经登轮检验检疫,符合有关规定的,检验检疫机构签发交通工具出境卫生检疫证书,并在船舶出口岸手续联系单上签注。

### (三)边检手续

边防检查机关办理船舶进出口手续的主要法律依据是《中华人民共和国出境入境边防检查条例》和《国际航行船舶进出口岸检查办法》。

1. 入境手续

(1)从事国际航行的船舶进入口岸时,必须由船长或船舶代理人向边防检查机关申报船员、旅客名单,船员物品清单,武器清单(如果船上携带武器),并接受检查。

(2)边防检查机关查验海员证和旅客护照证件,根据船长填写的申请书签发登陆证,查处非法入境者。多数港口只是核对海员证数与船员名单人数是否相符,或进一步核对海员证号与船员名单号码是否一致。但也有的港口要求船员集中,逐个与海员证照片核对。

(3)对国际航行的船舶的入境检查,在最先抵达的口岸进行;出境检查,在最后离开的口岸进行。在特殊情况下,经主管机关批准,入境、出境检查,也可以在特许的地点进行。

(4)出境的交通运输工具自出境检查后到出境前,入境的交通运输工具自入境后到入境检查前,未经边防检查站许可,不得上下人员、装卸物品。

2. 出境手续

(1)办理边防出境手续需要提供的资料有:总申报单、货物申报单、船员名单。如果船员全部为国内船员的船舶,需提供出境自查报告一份。

(2)下一港口为国内港口的,中国籍船舶不需办理边检手续,外国籍船舶需另提供一份船员名单办理边封随船。

(3)办理出境手续时,应交回船员申请办理的全部登陆证。

### (四)海事主管机关手续

我国海事行政主管机关办理国际航行船舶出入境手续的法律依据是《中华人民共和国海上交通安全法》、《中华人民共和国船舶最低安全配员规则》、《中华人民共和国外国籍船舶管理规则》、《国际航行船舶进出口岸检查办法》等。

1. 入境手续

(1)船舶抵港前7日,船舶代理人应填写国际航行船舶进口岸申请书向海事局申报,对载有危险货物的船舶,还应填写船舶载运危险货物申报单。

(2)只要申请进口岸的船舶技术状况及尺度符合进港条件,而且不会危害港口安全,海事局将准予船舶进港。

(3)办理入境手续所需文书:船舶国籍证书(Certificate of Vessel's Nationality)、船舶吨位

证书(Tonnage Certificate)、国际载重线证书(International Load Line Certificate)、船级证书(Classification Certificate)、冷藏证书(Freezer Certificate)、货船构造安全证书(Cargo Ship Safety Construction Certificate)、货船设备安全证书(Cargo Ship Safety Equipment Certificate)、国际防止油污证书(IOPP Certificate)等。

2. 出境手续

(1)船方或其代理人应当在船舶驶离口岸前4小时内,到海事行政主管机关办理出口岸手续,船舶在口岸停泊时间不足4小时的,在抵达口岸时与进港手续一起办理。

(2)船方或其代理人持船舶出口岸手续联系单和其他证件、资料,到海事行政主管机关申请领取出口岸许可证。

(3)一切手续办完后,认为船舶技术状态、装载情况等均符合安全航行条件,海事行政主管机关便发给船舶出口许可证,由代理在离港前交给船长,也有的由引航员带给船长。

## 【案例讨论】

某船承租人在装货港指定了代理,后该船船东又委托了该代理作为船东代理。装货结束后,该代理根据船长的授权签署了运费已付提单。由于信用证结汇时间即将届满,在运费还没有付清时承租人即指示该代理提前将提单放给他们,并承诺会及时付清运费。该代理听从了承租人的指示,在运费到账前将提单放给了承租人。后来由于承租人的原因,运费一直没有付清。

讨论:该提单有效吗?代理的行为属于哪种违规行为?船公司可以向代理公司索取未收到的运费吗?

## 【拓展知识】使用国际船舶代理的基本原则

一、使用船舶代理的基本原则

船方与船舶代理之间的关系是委托与被委托的关系。船舶代理应根据船方的委托,在代理权限范围内,努力代办好船舶在港的各项业务。作为船方,应熟悉船舶代理业务,对船舶代理的工作应经常提出要求;对委办的事情应经常进行检查;对代理工作的失误应随时记录在案,并要求其设法弥补;对代理在代理活动中损害船方利益的行为,应及时制止并令其迅速改正;船舶在港停泊期间,船方应要求船舶代理每天汇报情况、接受任务;船舶在国外港口,可以充分利用国外船舶代理公司或代理行之间的业务竞争,交替委托不同的代理人代办船舶在港业务;如认为某船舶代理人没能圆满地完成船方交办的事情,可向其指出,必要时可考虑更换代理人。

船方委托代理代办各项业务时,原则上应有船长或各部门负责人的委托书(有些正常必须进行的工作或港口习惯必须执行的工作以及一些不须承担代办责任的工作可不写委托书)。委托书应简单、明确,并尽可能把委办事项和要求完成的时间写明。事情办完或供应品送船后,应由船上各部门负责验收并由负责人签认。

二、可委托船舶代理办理的一些经常性船舶在港业务

在国外港口,船方和当地的船舶代理接触最多,因而应学会在需要时正确地使用代理。

1. 进港前,船长应按规定提前向代理发出船期、水尺的预报电,以便代理及时安排引航员,安排进口联检,安排停靠泊位;船方应要求代理事先备妥办理各种进出口手续时所用的表格,

以节省办理进出口手续的时间;凡具备免检条件的船舶,在到港前,可通过代理向卫生检疫部门申请免检;如遇船舶需较长时间的候潮、等引航员、等驳、等货、等工人,船长可通过代理向承租人发出装卸准备就绪通知书,以便及时开始计算装卸时间。

2. 开始装货前,应要求代理及时提供装货清单以便大副编制配载计划;装货前如需进行扫舱、洗舱、熏舱、验舱,船方可以委托代理洽办;如果港口装卸效率较低,船方可通过代理人办理重点舱的加班,但事先应向代理人了解加班费的情况,每一工班的加班效率,以便估算加班是否有利;在偷窃情况较为严重的港口,可与代理商量,安排专人看船、看舱。

3. 当船舶有剩余载货能力时,船方可委托代理人代揽回程货或沿途挂港的货物。

4. 如发生事故,造成本船损坏,船方可通过代理协助,取得对方对损坏责任的签认;如果船舶损坏后需立即修复,也可委托代理洽办;对某些须经港口有关当局同意才能进行的修理(如对主、辅机的修理),可通过代理向港口有关当局提出申请。

5. 如船方需添加燃料、淡水,定购物料、备件,伙食等,可通过代理与外供、燃供等单位联系(也可直接和外供、燃供联系)。代理有责任安排,争取在船舶靠泊时将上述物品送船。

6. 船舶到港后,一般船舶电台不让使用,故与船公司的联系可以先拟电,然后通过代理送至当地电信局拍发。为了防止代理人的疏忽或遗忘,应要求代理将发报底稿最迟第二天交船存档;对与公司的来往信件(包括船员私人信件)的转送,船长应给代理人明确的指示,对开航后信件应寄往何处,船方应向代理明确交代。

7. 船长在船舶到港前,可电告代理所需现金的数额以及币种,船舶到港后应要求代理立即将所需现金送船。开航前,船长应将剩余现金交还代理,并办理退款手续。

## 【测一测】单项选择题

1. 在我国船舶代理分为________。①长期代理;②航次代理;③法定代理关系;④第二委托方代理

   A. ①②③④　　B. ①②④　　C. ①③④　　D. ②③④

2. 船舶所有人对其代理人的行为或不为造成第三者的损害,在下列哪种情况下,应负赔偿责任? ________。

   A. 在任何情况下
   B. 只要这种行为是为了船舶所有人利益
   C. 只要是在代理权限内为船舶所有人利益而为的行为
   D. 只要是在代理权限范围内所为的行为

3. 根据我国民事法律,如果船舶代理合同授权不明,则________。

   A. 委托人对第三人不承担任何代理后果
   B. 代理人向第三人承担代理后果
   C. 委托人应向第三人承担代理后果,代理人负连带责任
   D. 船舶代理人的代理行为无效

4. 船舶代理人在授权范围内以被代理人名义进行船舶代理行为的后果,________。

   A. 由被代理人承担
   B. 由代理人和被代理人共同承担
   C. 由代理人承担,被代理人负连带责任

D. 由代理人承担

5. 船舶代理人超越代理权限所为的行为产生的民事责任一般应由________。

A. 被代理人承担　　B. 代理人承担

C. 代理人与被代理人负连带责任　　D. 任何一方都不负责任

6. 船舶代理人在代理权限内有违法行为而被代理人知道这种情况,但没明确表示反对,由违法行为产生的责任应由________。

A. 代理人承担

B. 被代理人承担

C. 被代理人与船舶代理人负连带责任

D. 损失人自负

7. 有关船舶代理中的第二委托方代理,下列叙述正确的是________。①实践中,按船舶代理关系的主次地位,在一个航次中,第二委托方只能有一个;②第二委托方是要求代理人代办同一艘船舶有关业务的其他委托人;③定期租船中,承租人授权代理人代办船舶进出港、安排泊位、货物装卸等业务,是委托方;④定期租船中,出租人委托代理人为了办理船员遣返、补给、修船等业务委托与承租人同一代理人,从而建立了第二委托方代理关系

A. ①②③④　　B. ①②④　　C. ①③④　　D. ②③④

8. 代理是指代理人以被代理人的名义,在代理权限范围内与第三人为民事法律行为,其法律后果直接由________承担的民事法律制度。

A. 代理人　　B. 被代理人

C. 第三人　　D. 代理人与被代理人共同

9. 根据代理权产生原因的不同,可以将代理分为________。①法定代理;②指定代理;③隐名代理;④委托代理

A. ①②③④　　B. ①②④　　C. ①③④　　D. ②③④

10. 国际船舶代理属于________的性质。

A. 法定代理　　B. 间接代理　　C. 指定代理　　D. 委托代理

11. 滥用代理权的表现形式包括________。①自己代理;②双方代理;③超越代理权的代理;④代理人与第三人恶意串通而为的代理行为

A. ①②④　　B. ①③④　　C. ①②③④　　D. ②③④

12. 无权代理的表现形式包括________。①未经授权的“代理”;②代理权终止后的“代理”;③超越代理权的“代理”;④代理人与第三人恶意串通而为的代理行为

A. ①②④　　B. ①③④　　C. ①②③　　D. ①②③④

13. 催告权是指________催促________在一定期限内明确答复是否承认无权代理合同。

A. 被代理人/第三人　　B. 代理人/第三人

C. 第三人/代理人　　D. 第三人/被代理人

14. ________关系建立后,船舶来港不需要逐船逐航次委托。

A. 长期代理　　B. 航次代理

C. 第二委托方代理　　D. 不定期船代理关系

15. 根据我国法律,通常________免征吨税。①与我国建立外交关系国家之大使馆、公使

馆、领事馆使用的船舶；②中央或地方人民政府征用或租用的船舶；③当地港务机关证明来避难、修理、停驶或拆毁的船舶，并不上下客货者；④在我国港口水域行驶的外籍船舶

A. ①②③　　B. ①②③④　　C. ①③④　　D. ①②④

16. 对进出我国港口的国际航行船舶的主要检疫方式包括________。①锚地检疫；②电讯检疫；③靠泊检疫；④随船检疫

A. ①②③　　B. ①②③④　　C. ①③④　　D. ①②④

17. 根据我国法律规定，船舶在口岸停留不足________小时的，经检验检疫机构同意，船方或其代理人在办理入境手续时，可以同时办理出境手续。

A. 4　　B. 8　　C. 12　　D. 24

18. 根据我国相关法律规定，应当实施锚地检疫的船舶包括________。①来自检疫传染病疫区的；②来自动植物疫区，国家有明确要求的；③船上有人非因意外伤害而死亡且死因不明的；④废旧船舶

A. ①②④　　B. ①③④　　C. ①②③　　D. ①②③④

19. 海关检查船舶时，________应到场。

A. 公司安全监督部部长　　B. 公司保安员

C. 船长　　D. 船舶保安员

20. 在我国，由________查验海员证和旅客护照证件，根据船长填写的申请书签发________，查处非法入境者。

A. 国家海事局在各港的分支机构/登陆证　　B. 海关/签证

C. 边防检查机关/签证　　D. 边防检查机关/登陆证

# 模块六　船舶营运成本构成及控制

【知识目标】

- 了解船舶运输成本的构成
- 掌握港口费用的构成与控制方法

【能力目标】

- 知道船舶运输成本的划分方式及种类
- 能区分各种不同港口费用
- 能采取正确的方法节省港口费用

【问题导入】

目前航运业最大的问题还是供过于求,并且在今后相当长的一段时期内难以逆转,这将对航运公司能否赢利带来诸多的不确定性和压力。燃油价格、港口使费及维修成本的增加导致船舶营运成本大幅度提高,航运公司尽可能降低营运成本,增加市场竞争力,是确保良好收益的重要工作。那么,远洋船舶上的船长、船员可以从哪些方面帮助公司降本增效呢?船舶营运成本中的项目哪些是可以节省的,哪些是无法节省的?我们可以采用哪些方式控制和节省港口费用呢?

## 项目一　船舶运输成本的构成

【项目介绍】

船舶运输成本是船舶在一定时期内从事货物运输所支付的一切费用的总和,是企业制定运价的主要依据。目前国际上较为流行的运输成本划分方式常将成本划分为资本成本、经营成本和航次成本三个部分。我国常用固定成本、变动成本两大类表示。本项目主要介绍固定成本和变动成本的概念及主要内容。

# 任务1-1　了解船舶运输成本的基本概念及构成

## 【任务分析】

船舶运输成本随运输生产过程中的技术与经济的因素而变，是生产管理的最重要指标之一，降低成本可使企业资金积累增加。因此各个航运企业都非常重视对运输成本的管理和控制。本任务要求同学们掌握船舶固定成本、变动成本的概念及构成。

## 【相关知识】

### 一、固定成本

固定成本(Fixed Cost)，是指为维持船舶的营运状态而必须支付的各项费用。它在总成本中占有较大比重，在一定时间范围内，其发生总额不受运量增减变动的影响而相对固定。只要航运企业一经建立，即使运量为零，固定成本也要发生。属于固定成本的项目主要包括以下几类：

(一)工资

是指在航船员的各类工资、津贴、奖金、补贴、航行津贴等按有关规定由成本列支的工资性费用。

(二)职工福利费

是指按在航船员工资总额和规定的比率提取的职工福利费。

(三)润料

是指船舶耗用的各种润滑油剂。

(四)物料

是指船舶在运输生产中耗用的各种物料、低值易耗品。

(五)船舶折旧费

是指按确定的折旧方法按月计提的折旧费用。当船舶投资是以贷款形式实现时还应考虑到偿还贷款利息的费用。

(六)船舶修理费

是指已完工的船舶实际修理费支出、日常维护保养耗用的修理料、备品配件等。

(七)保险费

是指向保险公司投保的各种船舶险、运输船员的人身险以及意外伤残险所支付的保险费用。

(八)税金

是指按规定交纳的车船使用税。

(九)船舶非营运期费用

是指船舶在非营运期(如厂修、停航、自修、事故停航等)内发生燃料费、港口费等有关支出。

(十)船舶共同费用

是指为企业所有运输船舶共同受益，但不能分船直接负担，需经过分配由各船负担的费用,一般具体包括:职工教育经费、养老保险与失业保险基金、工会经费、船员服装费、船员差旅费、文体宣传费等。

(十一)其他船舶固定费用

是指不属于以上各项的其他船舶固定费用,如船舶证书费、船舶检验费、船员劳动保护费等。

**二、可变成本**

可变成本(Variable Cost),又称航次运行费,是指船舶在每个具体营运航次中直接发生的与该航次相关的各项费用。其发生总额受运量、挂靠港、运输组织方式等因素变动而变动。属于可变成本的项目主要包括:

(一)燃料费

是指船舶在营运期内航行、装卸、停泊等时间内耗用的全部燃料的费用。

(二)港口费

是指船舶在营运期内进出港口、航道、停泊港内所发生的各项费用,如港务费、船舶吨税、引水费、停泊费、拖轮费、航道养护费、围油栏费、油污水处理费、船舶代理费、运河费、海峡费、灯塔费、海关检验费、检疫费、移民局费用等。

(三)货物费

是指船舶载运货物所发生的应由船方负担的业务费用,如装卸费,使用港口装卸机械费,理货费,开关舱、扫舱、洗舱、验舱、烘舱、平翻舱费用,货物代理费,货物检验费,货物保险费等。

(四)集装箱货物费

是指船舶载运集装箱所发生的应由船方负担的业务费用,如集装箱装卸费、集装箱站场费用、集装箱货物代理费用等。

(五)中转费

是指船舶载运的货物到达中途港口换装其他运输工具运往目的地、在港口中转时发生的应由船方负担的各种费用,如汽车接运费、铁路接运费、水运接运费、驳载费等,但不包括由本企业船舶承运后在境外改由其他运输企业承运所发生的中转费。

(六)垫隔材料费

是指船舶在同一货舱内装运不同类别货物需要分票、垫隔或装运货物需要防止摇动、移位以及货物通风需要等耗用的木材、隔货网、防摇装置、通风筒等材料费用。

(七)速遣费

是指有装卸协议的船舶,港口或代理单位提前完成装卸作业,按照协议支付的速遣费用,发生的延滞费收入抵减速遣费。

(八)事故损失费

是指船舶在营运生产过程中发生海损、机损、货损、货差、火警、污染、人身伤亡等事故的费用,包括施救、赔偿、修理、诉讼、善后等直接损失费用。

(九)航次其他运行费用

是指不属于以上各项费用但应直接归属于航次负担的其他费用,如淡水费、通信导航费、交通车船费、邮电费、清洁费、国外港口招待费、航次兵险、领事签证、代理行费、业务杂支、冰区航行破冰费等。

# 项目二 港口费用的构成与控制

## 【项目介绍】

港口费用是航运公司三大营运成本(船期费、燃油费和港口使费)之一,是船公司计算营运成本的重要指数,是核算航次利润的主要依据,也可称之为航次费用或可变费用。本项目主要介绍港口费用的基本概念、构成及控制港口费用的主要措施。

## 任务2-1 掌握港口费用的基本概念及构成

## 【任务分析】

港口费用是远洋船舶上的船长、船员经过努力可以降低支出的船舶营运成本,按付费对象的不同,其通常分为船舶费用、货物费用及使用服务费。本任务要求同学们掌握港口费用的基本概念及其分类,了解我国自2016年3月1日起实施的《港口收费计费办法》(以下简称《计费办法》)对国际航行船舶征收的费用项目。

## 【相关知识】

### 一、港口费用的概念

港口费用(Port Disbursement),又称港口使费,是指作为供船舶停靠装卸货物或上下旅客的港口,凭自己拥有的设备、设施和人力,为船舶运输和货物装卸提供劳务,根据有关规定标准,向各个服务对象收取的费用。

### 二、港口费用的分类

(一)按收费类型分

1.港口劳务费

港口劳务费通常由港口企业收取,主要包括装卸费、货物保管费、移泊费、拖船费、系解缆费、开关舱费等项目。

2.港口规费

港口规费,是指港口管理当局按有关规定向船方或货方征收的港口非劳务费,包括船舶港务费、货物港务费、港口建设费等项目。

2015年8月25日我国财政部、国家改委发布《关于取消有关水运涉企行政事业性收费项目的通知》,明确自2015年10月1日起取消船舶港务费,对降低企业成本、规范市场竞争发挥了积极作用。目前我国是世界上第一个取消船舶港务费的国家。

(二)按付费对象分

1.船舶费用

船舶费用是由有关部门向船舶征收的港口费用,通常以船舶的总吨位或净吨位为计费的依据,主要包括船舶吨税、船舶港务费、引航费、拖船费、系解缆费、开关舱费、停泊费以及与船方有关的一些杂项作业费等。

2015 年 7 月 22 日,中华人民共和国交通运输部会同国家发改委出台《关于调整港口船舶使费和港口设施保安费有关问题的通知》,规范港口船舶使费收费项目,港口经营人和引航机构提供船舶进出港服务,可收取引航(移泊)费、拖船费、停泊费、围油栏费、驳船取送费、特殊平舱费以及垃圾处理、供水、供油、供电服务等费用,除此之外不得收取其他任何费用。取消现行收取的靠垫费,以及引航费中的引航员滞留费和引航计划变更费,将系解缆费、开关舱费并入停泊费收取。

2. 货物费用

货物费用,即向货物征收的港口使费,主要有货物港务费、装卸费、搬运费、堆存费、平舱费、理货费、港口建设费、货物保管费等。一般按货物的重量、尺码、件数计费。

3. 使用服务费

使用服务费是由船方或货方提出申请,要求港口提供设备或服务,而按港口规定支付的费用的统称。

(三)按港口收费定价不同分

根据我国《计费办法》规定,港口收费包括实行政府定价、政府指导价和市场调节价的经营服务性收费。

1. 实行政府定价的港口使费

实行政府定价的港口使费包括货物港务费、港口设施保安费、国内客运和旅游船舶港口作业费,必须按照《计费办法》规定的收费标准计收。

2. 实行政府指导价的港口使费

实行政府指导价的港口使费包括引航(移泊)费、拖船费、停泊费、驳船取送费、特殊平舱费和围油栏使用费,应以《计费办法》规定的收费标准为上限,港口经营人和引航机构可在不超过上限收费标准的范围内自主制定具体收费标准。

3. 实行市场调节价的经营服务性收费

实行市场调节价的经营服务性收费包括港口作业包干费、堆存保管费、库场使用费,以及提供船舶服务的供水(物料)服务费、供油(气)服务费、供电服务费、垃圾接收处理服务费、污油水接收处理服务费,由港口经营人根据市场供求和竞争状况、生产经营成本和服务内容自主制定收费标准。

**三、国际航行船舶港口使费的主要项目**

根据我国现行《港口收费计费办法》并结合国际惯例,介绍国际航行船舶港口使费的主要项目。

(一)船舶费用

1. 船舶吨税(Tonnage Dues)

船舶吨税是海关代表国家交通运输主管部门在设关口岸对进出国境的船舶征收的用于航道设施建设的一种税,专项用于海上航标的维护、建设和管理。船舶吨税通常按船舶净吨位分为若干级别制定税率,以 1 个月、3 个月或 1 年为计征期。在一个计征期内,同一船舶不论进港几次,只收一次吨税。凡与港口所在国家签订的贸易、通航协定中有"优惠国条款"规定者,可享有最惠国待遇,按优惠税率计征;反之则按普通税率征收。

根据《中华人民共和国船舶吨税暂行条例》的规定，自中华人民共和国境外港口进入境内港口的船舶，应当缴纳船舶吨税。船舶吨税设置优惠税率和普通税率，税率分为 1 年期、90 天期与 30 天期，由应税船舶按其船舶净吨乘以适用税率计算缴纳。中华人民共和国籍的应税船舶、船籍国（地区）与中华人民共和国签订含有相互给予船舶税费最惠国待遇条款的条约或者协定的应税船舶，适用优惠税率。其他应税船舶，适用普通税率。

我国规定下列船舶免征吨税：应纳税额在人民币 50 元以下的船舶；自境外以购买、受赠、继承等方式取得船舶所有权的初次进口到港的空载船舶；吨税执照期满后 24 小时内不上下客货的船舶；非机动船舶（不包括非机动驳船）；捕捞、养殖渔船；避难、防疫隔离、修理、终止运营或者拆解，并不上下客货的船舶；军队、武装警察部队专用或者征用的船舶；依照法律规定应当予以免税的外国驻华使领馆、国际组织驻华代表机构及其有关人员的船舶；国务院规定的其他船舶。

2. 引航费（移泊）费

不少国家规定，凡外籍船舶进出本国港口和在港内移泊原则上都实行强制引航，为此船方必须支付按港口引航规定的引航费。各港的引航费计征办法也不一致，有的按船舶净吨计收；有的按船舶吃水和净吨双重因素计收；少数按照船舶长度和吃水计收；也有的按照里程计收，并对进、出港和港内移泊规定不同费率，夜间、星期日和节假日需计收附加费。

《计费办法》规定，船舶以计费吨为计费单位，按净吨计算，无净吨的按总吨计，既无净吨也无总吨的按载重吨计，既无净吨也无总吨和载重吨的按排水量计，并均按计费吨的收费标准计费。引领航行国际航线船舶进、出港以及在港内移泊，起码计费吨为 2000 计费吨。

3. 拖船费

拖船费是使用港方拖船协助船舶进、出港或在港内移泊、调头，向船舶所收的费用。各国通常以拖船马力、使用拖船的艘数和使用时间，向委托方计收费用。夜间、星期日、节假日计收附加费。

我国规定，船舶靠离泊使用拖船和引航或移泊使用拖船，提供拖船服务的单位向船方或其代理人计收拖船费，按拖船马力计算。航行国际、国内航线船舶拖船费分别按不同的费率计收。拖船计费时间包括实际作业时间和辅助作业时间。实际作业时间为拖船抵达作业地点开始作业至作业完毕的时间，由船方或其代理人签认；辅助作业时间为拖船驶离拖船基地至作业地点和驶离作业地点返回拖船基地的时间，实行包干计算，由港口所在地港口行政管理部门组织综合测算确定并对外公布，同时抄报省交通运输主管部门。港口经营人在不超过《计费办法》规定的拖船费收费标准内，可根据服务船舶的吨位、船长、进出港次数等情况综合计收拖船费。航行国际航线船舶节假日或夜班的拖船作业应按实际作业时间分别加收拖船费附加费。节假日或夜班的拖船费附加费应按规定费率的 45% 分别加收，既为节假日又为夜班的拖船费附加费规定费率的 90% 一并加收。

4. 停泊费

停泊费，是向停泊在港口码头、浮筒的船舶所征收的费用。在国外，停泊费又称为码头费和浮筒费，有的港口按照船舶长度或船舶吨位和等泊时间计收。

在我国，停泊在港口码头、浮筒的船舶，由提供停泊服务的港口经营人向船方或其代理人计收停泊费。航行国际航线的船舶，停泊费按规定的费率，计费单位以“吨 · 日”计算。船舶在港口码头、浮筒、锚地停泊以 24 小时为 1 日，不满 24 小时的按 1 日计。

下列航行国际航线的船舶,按照规定的费率,计费单位以“吨·小时”计收停泊费:货物及集装箱装卸或上、下旅客完毕4小时后,因船方原因继续留泊的船舶;非港口原因造成的等修、检修的船舶(等装、等卸和装卸货物及集装箱过程中的等修、检修除外);加油加水完毕继续留泊的船舶;非港口工人装卸的船舶;国际客运和旅游船舶。

由于港口原因或特殊气象原因造成船舶在港内留泊,以及港口建设工程船舶、军事船舶和执行公务的公务船舶留泊,免收停泊费。航行国际航线船舶在同一航次内停靠我国多个港口,停泊费在第一个停靠港口按规定费率计收,后续停靠港口规定费率的70%计收。

我国已将解系缆费和开关舱费纳入停泊费计收。在国外港口,系解缆费的计收规定,通常与船舶的吨位或船舶的长度、操作人数、操作次数以及系缆小艇数有关。开关舱费一般不分船舶大小和开、关次数,分别在卸货或装货时计收,按舱口计收开、关舱各一次。

5. 特殊平舱费和围油栏使用费

我国规定,为在船舱散货上加装货物进行平舱以及按船方或其代理人要求的其他平舱,由港口经营人向船方或其代理人收取特殊平舱费。散货在装舱过程中的随装随扒、装舱完毕后扒平突出舱口顶尖和为在散货上面装载压舱包所进行的一般平舱,不得收取特殊平舱费。

我国规定,船舶按规定使用围油栏,由提供围油栏服务的单位向船方或其代理人收取围油栏使用费。

航行国际航线船舶节假日或夜班的特殊平仓作业应根据实际作业情况分别加收特殊平仓费附加费。节假日、夜班的特殊平仓作业时间占全部作业时间一半及以上,或节假日、夜班的作业时间大于等于半小时的,节假日或夜班的特殊平仓费附加费应按规定费率的45%分别加收,既为节假日又为夜班的特殊平仓费附加费按规定费率的90%一并加收。

(二)货物费用

1. 货物港务费

经由港口吞吐的货物及集装箱,由具体负责维护和管理防波堤、航道、锚地等港口基础设施的单位向货方或其代理人收取货物港务费。

《计费办法》规定,外贸货物港务费进、出港各收一次。下列货物及集装箱免收外贸货物港务费:凭客票托运的行李;船舶自用的燃物料;本船装货垫缚材料;随包装货物同行的包装备品;随鱼鲜同行的防腐用的冰和盐;随活畜、活禽同行的必要饲料;使馆物品、联合国物品、赠送礼品、展品、样品;国际过境货物;集装箱空箱(商品箱除外)。

2. 港口设施保安费

2004年7月1日起SOLAS公约海上保安修正案与ISPS规则的全面实施,对缔约国政府及其有关港口作出了一系列强制性规定,要求最大限度地为反恐加强保安措施,改善港口保安环境,各国均开始对进、出港货物征收港口设施保安费。我国于2006年6月1日起征收港口设施保安费,全部专项用于为履行SOLAS公约和ISPS规则所进行的港口保安设施建设、维护和管理。

《计费办法》规定,经由港口吞吐的外贸进出口货物及集装箱,由取得《港口设施保安符合证书》的港口经营人,按规定费率向货方或其代理人分别计收进、出港港口设施保安费。外贸进口货物及集装箱因故停留中途港不再经水运前往到达港或其他港口的,港口设施保安费由中途港计收;因故停留中途港未办理清关手续并继续经水运前往原到达港或其他港口的,港口设施保安费由到达港计收。

《计费办法》规定，下列货物及集装箱免收港口设施保安费：凭客票托运的行李；船舶自用的燃物料；本船装货垫缚材料；随包装货物同行的包装备品；随鱼鲜同行的防腐用的冰和盐；随活畜、活禽同行的必要饲料；使馆物品、联合国物品、赠送礼品、展品、样品；进口化肥、国际转关和国际过境货物及集装箱；集装箱空箱（含商品集装箱）。

3. 堆存保管费和库场使用费

货物及集装箱在港口仓库、堆场堆存，由港口经营人向货方或其代理人收取堆存保管费。经港口经营人同意，在港口库场进行加工整理、抽样等，由港口经营人向货方或其代理人计收库场使用费。堆存保管费和库场使用费的收费标准由港口经营人自主制定。

（三）使用服务费用

国际上常见的使用服务费用主要包括：供应燃料、物料、淡水的劳务费；租用港口驳船、机械或设备的费用；其他劳务费，如扫舱、洗舱费；装、拆隔舱板费；搭、拆雨篷费；邮政通信费；交通艇费；其他零星服务费等。船员服务费用包括：船方借支（有时是船东需支付船员工资），船员遣返用的机票、住宿、伙食、交通（有时包括船东代表来港口出差所发生的食宿、交通、机票和借支）等开支，船员更换、就医、登陆所产生的各项费用等。

我国《计算办法》对港口作业包干费、船舶供应服务费作了如下规定。

1. 港口作业包干费

港口经营人为船舶运输的货物及集装箱提供港口装卸等劳务性作业，向船方、货方或其代理人等综合计收港口作业包干费；港口经营人为国际客运和旅游船舶提供港站使用等服务，向国际客运和旅游船舶运营企业或其代理人综合计收港口作业包干费。

港口作业包干费的包干范围包括港口作业的全过程，港口经营人应分别将下列货物及集装箱港口作业、国际客运港口服务纳入港口作业包干费，不得单独设立收费项目另行收费。

（1）货物及集装箱港口作业：散杂货装卸，集装箱装卸，铁路线使用，铁路货车取送，汽车装卸、搬移、翻装，集装箱火车、驳船装卸，集装箱拆、装箱，起重船、起重机、吸扬机使用，起货机工力，拆包和倒包，灌包和缝包，分票，挑样，一般扫舱和拆隔舱板，装卸用防雨设备、防雨罩使用，装卸及其他作业工时，岸机使用以及困难作业，杂项作业，减加载，捣载，转栈，超长（笨重、危险、冷藏、零星）货物作业，地秤使用，轨道衡，尺码丈量，库内升降机或其他机械使用，除尘，集装箱清洗，成组工具使用。

（2）国际客运港口服务：国际客运和旅游客运码头服务、港站使用服务、行李代理、行李装卸、进出码头迎送旅客。

港口经营人可根据港口作业情况增加或减少作业内容，但均应纳入港口作业包干费统一计收，收费标准由港口经营人自主制定。

港口作业包干费不得包含实行政府定价、政府指导价的收费项目和其他实行市场调节价的收费项目。

2. 船舶供应服务费

港口经营人为船舶提供供水（物料）、供油（气）、供电、垃圾接收处理、污油水接收处理服务，由港口经营人向船方或其代理人收取船舶供应服务费。

船舶供应服务费的收费标准由港口经营人自主制定。水、油、气、电价格按照国家规定价格政策执行。

# 任务2-2　掌握控制港口费用的主要措施

## 【任务分析】

远洋船舶上的船长、船员经过努力可以采用哪些措施为船舶节省港口费用,使船舶降本增效成为现实。本任务要求同学们掌握通常控制港口费用的主要措施。

## 【相关知识】

港口费用是船舶运输成本的重要组成部分,它支出的大小直接影响船舶运输的经济效益。有些船公司港口费用的支出占总成本的1/4以上,仅次于燃油费和船舶修理费。因此,节约港口费用,对降低船舶运输成本、提高船舶运输的经济效益、增加盈利有着重要意义。一般来说,船方控制港口费用的途径包括以下几个方面:

### 一、正确掌握船舶进出港的时间

各国港口的引航、拖船、系解缆费用,在夜间和节假日都要增收附加费,其费率可多达基本费率的25%~50%。比如在日本港口,从日落前一小时到日出后一小时船舶引航费要增加50%,节日、星期日夜间增加60%;拖船费每天0600~0800和1700~2300的时间内要增加60%,在2300~0600使用拖船要增加费用100%。因此,应尽量安排船舶在白天进出港口,避免在夜间、星期日或节假日进出港口。

### 二、适当安排船舶挂靠港口,节省船舶吨税

大多数国家对船舶吨税按航次或按一定期间征收。在此期间内,不论船舶进出港口次数多少,船舶吨税只征收一次。因此,在此期间,应尽可能安排同一船舶多次挂靠同一港口。

### 三、调整船舶进出港吃水,减少船舶吃水差

有些港口的引航费按照船舶的总吨和吃水计算,而且按照船舶前后的最大吃水计算。比如日本港口的引航费根据总吨和吃水两种因素规定,以1 000总吨和吃水3米为基础,然后每增加1 000总吨和每增加30厘米吃水分别增加10%。如果在船舶进出港前,尽量调小船舶的最大吃水差,即使是调整的范围很小,哪怕只有几厘米,也可能节省不少引航费的开支。

### 四、合理积载货物

合理积载货物与加速装卸、缩短船舶在港作业时间、减少额外费用等有直接关系。因此,在编制配载计划时,应尽可能地做到:

1. 在同一港口能进行多头作业,并保持各舱进度平衡,以缩短装卸时间,节省港口费用。

2. 有利于装卸作业顺利进行。比如应将属于一票的货物尽量装在一起,便于收货人用驳船直接提取。对于属于同一目的港的中转货物,更应装在一起,换装时可以直接船到船,以减少作业环节,节约理货、库场费用。

3. 在保证船舶安全的前提下,装运散货时,应尽可能使舱内货物集中堆装于抓斗能直接抓取的部位,避免在艏、艉尖舱或者有地轴弄的舱内装散货,以减少所谓“难卸费用”的开支。

### 五、事先做好各项准备工作,减少船舶各种待时

要做到这一点,船长、船员应做到:

1. 及时而正确地预报船期;

2. 保证船舶装卸设备能正常运转；

3. 申请各种作业时，应准确填报所需要的时间；

4. 减少因移动或缺少垫舱物料而造成的待时；

5. 由船方负责装卸时的第一次开舱和最后一次关舱，应在开工前和完工后及时完成；

6. 加油、加水或其他临时检修工作，应力争在装卸货物同时进行。

**六、认真审核和签署各项费用收据**

收费单据是港口提供劳务的各个关系人，通过船公司在这一港口的代理人向船公司结算各项港口费用的原始凭证。这些单证一经船长、大副、轮机长、管事等人签认，等于承认这些开支的事实，船公司即应照此支付费用。因此，船方有关人员在签字时必须仔细审核，谨慎签认，以防止不应有的损失。

1. 引航费：船长签署引航单（Certificate for Piloting）时，应注意核对引航员登船的地点、工作时间、引航区间等是否属实；要增加附加费时，是否符合规定。

2. 拖船费：船长在单据上签字前应核对拖船的名称、功率、使用时间、艘数、使用时的天气情况，以及在非正常工作外使用拖船时额外费用增加的比例是否符合费率的规定。

3. 码头、浮筒使用费：在签署这些单据时，应注意所列船舶吨位是否与申报数字相一致，使用时间是否与实际情况相符。

4. 船舶吨税：船舶吨税的缴纳，是由船方申请、代理人代为办理的。船长在代理人交来的缴纳船舶吨税的单据上签字时，应注意所填写的数字是否正确。

5. 装卸费：这项费用数额较大，而且情况比较复杂，因此，签字时须认真审核：

（1）装卸货物的吨数是否属实；

（2）要核对待时的起止时间是否属实和待时的原因是否属于船方责任，如果属于货方责任，则不能算在船方账单内；

（3）核实装卸作业的工班数和人数；

（4）对因在困难作业场所作业和进行扬尘、脏污货物的装卸作业或在防波堤外作业而加收的附加费，要核实作业吨数，防止谎报。

**七、正确处理加班**

当加班所增加的加班费等的开支，比不加班所需支出的营运费用少时，应选择加班，以减少船舶停港时间，加速船舶周转。

**八、发动船员承担捆绑货物、扫舱、洗舱等货物作业**

发动船员自行捆绑、拆绑货物，自己动手扫舱、洗舱等，不仅可以节省这些作业费用的开支，而且能更好地保证货运质量和航行安全。

**九、适当选择加油港**

应当选择在燃油价格和港口费用较低的港口添加燃油，并且尽量安排在船舶挂靠进行货物装卸的港口添加燃油，以节省专门为添加燃油而挂靠港口的港口费用。

## 【案例讨论】

某轮满载到青岛港卸货，预计2014年3月10日到港。2月3日收到青岛港代理通知，船舶3月10日到港需要等泊3天，即3月13日下午才能靠泊。船长在与代理核实了3月13日下午之前没有其他船到港后，报请公司批准，降速航行，预计3月13日1500 LT到达青岛港引航站。后来在3月12日突遇大风,虽然船长及时调整了船速,船舶还是在3月13日1900LT才到达青岛引航站。由于泊位已空闲,代理即安排当日1930LT上引水靠泊。

讨论:船长降速航行的决定合理吗?本案中对船舶营运成本的影响因素有哪些?应如何控制?

## 【测一测】单项选择题

1. 船舶吨税一般按照船舶的________计收。

A. 吃水　　B. 总吨　　C. 净吨　　D. 吃水和船长

2. 港口费用按付费对象分,一般可分为________。

A. 港口规费、港口劳务费

B. 船舶吨税、装卸费、引航费

C. 船舶费用、货物费用、使用服务费

D. 船舶港务费、货物港务费、使用服务费

3. 港口费用按照收费类型分,包括________。①船舶吨税;②港口劳务费;③港务费;④港口规费

A. ①~④　　B. ①②④　　C. ①③④　　D. ②④

4. 根据我国征收船舶吨税情况,若一船经常到我国,应办理________一期形式的吨税。

A. 30天　　B. 60天　　C. 90天　　D. 1年

5. 根据我国《港口收费计费办法》的规定,以下实行政府定价的港口收费项目包括________。①货物港务费;②港口设施保安费;③国内客运和旅游船舶港口作业费;④国际航行船舶引航费

A. ①②③　　B. ①②④　　C. ②③④　　D. ①③④

6. 在船舶运输使费中,下列属于船舶变动成本的是________。①引航费;②船舶吨税;③事故损失费;④船舶保险费

A. ①~④　　B. ①②③　　C. ①②　　D. ①②④

7. 为了减少船舶港口使费,采取的措施包括________。①在到港前正确使用船舶油水,调整到港时的吃水差;②适当掌握船舶进出港时间;③适当选择加油港;④正确处理加班作业

A. ①~④　　B. ②③④　　C. ①②③　　D. ①④

8. 在船舶运输成本中,以下属于船舶运输变动成本的是________。①燃油费用;②港口使费;③润料费;④运河费

A. ①~④　　B. ①②④　　C. ①③④　　D. ②③④

9. 在下列船舶运输成本中,属于变动成本的是________。

A. 船舶折旧费　　B. 拖带费　　C. 船舶维修费　　D. 船舶保险费

10. 在下列船舶运输成本中,属于固定成本的是________。

A. 船员工资及职工福利费　　B. 垫隔材料费

C. 速遣费　　D. 燃油费

11. 在船舶运输使费中,下列属于船舶的固定成本的是________。①船舶港务费;②船舶吨税;③船舶物料及滑油费;运河费

A. ①②　　B. ②　　C. ③　　D. ①～④

12. 下列船舶运输成本中，属于变动成本的是________。

A. 船舶折旧费　　B. 事故损失费　　C. 船舶维修费　　D. 船舶保险费

13. 在下列船舶运输成本中，属于固定成本的是________。

A. 燃油费　　B. 事故损失费　　C. 港口使费　　D. 税金

14. ________是指为维持船舶的营运状态而必须支付的各项费用。

A. 固定成本　　D. 变动成本　　C. 航次成本　　D. 航次运行费用

15. ________是指船舶在每个具体营运航次中直接发生的与该航次相关的各项费用。

A. 固定成本　　B. 企业管船成本　　C. 船舶经营成本　　D. 变动成本

16. 航运公司的三大营运成本包括________。①船期费；②港口使费；③保险费；④燃油费

A. ①～④　　B. ②③④　　C. ①③④　　D. ①②④

17. 船舶吨税是一国船舶进入另一国港口时，因使用了该港的助航设施而向该国缴纳的一种税费，通常是由主权国家的________征收的。

A. 国家税务局　　B. 地方税务局　　C. 国家海事局　　D. 海关

18. 有关船舶吨税陈述正确的是________。①通常按船舶净吨位分为若干级别制定税率；②通常以 1 个月、3 个月、1 年为计征期；③在一个计征期内，同一船舶不管进港几次，只收一次吨税；④与港口国签订通航协定国家的船舶可享受最惠国待遇，按优惠税率计征

A. ①～④　　B. ①②④　　C. ①③④　　D. ②③④

19. 根据《中华人民共和国船舶吨税暂行条例》的规定，以下哪些船舶适用优惠税率？________。①船籍国（地区）与我国签订船舶税费最惠国待遇条约或协定的应税船舶；②中华人民共和国籍的应税船舶；③中国企业所有的方便旗船；④捕捞、养殖渔船

A. ②③④　　B. ①④　　C. ①②　　D. ①～④

20. 根据我国《港口收费计费办法》的规定，下列哪些船舶免收停泊费？①由于港口原因造成船舶在港内留泊；②由于特殊气象原因造成船舶在港内留泊；③港口建设工程船舶、军事船舶和执行公务的公务船舶留泊；④等修、检修的船舶

A. ①③④　　B. ②③④　　C. ①②③　　D. ①②④

21. 目前我国已将________和________纳入停泊费计收。

A. 开关舱费；灯塔费　　B. 解系缆费；灯塔费

C. 解系缆费；开关舱费　　D. 灯塔费；码头费

22. 根据我国《港口收费计费办法》的规定，哪些情况下不得收取特殊平舱费？________。①为在船舱散货上加装货物进行平舱；②散货在装舱过程中的随装随扒；③散货在装舱完毕后扒平突出舱口顶尖的平舱；④为在散货上面装载压舱包所进行的平舱

A. ①③④　　B. ②③④　　C. ①②③　　D. ①②④

23. 根据我国《港口收费计费办法》的规定，下列哪些货物及集装箱免收港口设施保安费？________。①凭客票托运的行李；②船舶自用的燃物料；③本船装货垫缚材料；④集装箱空箱（商品箱除外）

A. ①③④　　B. ②③④　　C. ①②③　　D. ①②④

24. 根据我国《港口收费计费办法》的规定，港口经营人在以下什么情况下征收港口作业

包干费? ________。①为船舶运输的货物提供港口装卸等劳务性作业;②为集装箱提供港口装卸等劳务性作业;③为船舶提供供水(物料)、供油(气);④为国际客运和旅游船舶提供港站使用等服务

A. ①③④　　B. ②③④　　C. ①②③　　D. ①②④

25. 根据我国《港口收费计费办法》的规定,拖船计费时间包括________时间和________时间。

A. 工作日作业;节假日　　B. 实际作业;辅助作业

C. 白天作业;夜间作业　　D. 计划作业;实际作业

# 参考文献

[1]杨志刚等. 国际集装箱码头实务、法规与案例. 北京:人民交通出版社,2009
[2]郝晓东. 集装箱运输实务. 第二版. 北京:人民交通出版社,2012
[3]毛艳国. 国际船代业务风险防控指南. 大连:大连海事大学出版社,2006
[4]张晓,龚雪根. 船舶管理. 北京:人民交通出版社,2012
[5]李玉如. 国际货运代理与业务. 北京:人民交通出版社,2001
[6]张晓,姜朝妍. 船长业务. 大连:大连海事大学出版社,2008
[7]郭萍. 租船实务与法律. 第二版. 大连:大连海事大学出版社,2002
[8]毛钧. 集装箱堆场管理与操作实务. 大连:大连海事大学出版社,2006
[9]沈木珠. 国际贸易法研究. 北京:法律出版社,2002
[10]龚细和,龚信和. 进出口贸易单证指南(英汉对照). 广州:广东经济出版社,2003
[11]马军功,王智强,罗来仪. 国际船舶代理业务与国际集装箱货代业务. 北京:对外经济贸易大学出版社,2003
[12]张晓. 远洋运输业务与海商法. 大连:大连海事大学出版社,2003
[13]李志文,袁绍春,尹伟民. 国际海运条例释义. 大连:大连海事大学出版社,2004
[14]冯媛媛. 运输实务. 北京:对外贸易经济大学出版社,2004
[15]郑丙贵,王学峰. 无船承运人制度与业务. 大连:大连海事大学出版社,2006
[16]王学峰,汪爱娇. 国际船舶代理业务. 北京:人民交通出版社,2006
[17]胡美芬,王义源. 远洋运输业务. 第四版. 北京:人民交通出版社,2006
[18]郭萍,韩立新,王欣. 航运业务与海商法. 第二版. 大连:大连海事大学出版社,2006
[19]武德春等. 集装箱运输实务. 第二版. 北京:机械工业出版社,2007
[20]武德春等. 集装箱运输管理. 北京:机械工业出版社,2007
[21]中国海运信息网
[22]涉外海事商事审判网
[23]中国交通运输部网
[24]中国船员网
[25]中华人民共和国海商法
[26]中华人民共和国合同法